汽车底盘构造与检修

（书证融通版）

主　编　盛国超　冯林涛　叶鹏筠
副主编　朱　宇　陈　晖　李　成　钟小舟
参　编　陆　讯　王德荣　何　涛　宋治华　王永刚
主　审　魏　霞

机械工业出版社

本书是汽车运用与维修（含智能新能源汽车）职业技能等级证书"岗课赛证"融通教材，是汽车类专业"校企合作"精品教材，同时也是"互联网+"创新教材，包括主教材和任务工单两部分，既有理论知识，也有操作教学视频。本书紧密结合当前汽车产业的发展和需求，主要内容包括安全工作、汽车传动系统检查与维护、汽车转向系统检查与维护、汽车悬架系统检查与维护、轮胎检查维护与车轮定位、汽车制动系统检查与维护，共6个项目。

本书内容新颖、知识面广、重难点突出，采用彩色印刷，图片清晰美观，借助"互联网+"及信息技术，使教材内容呈现立体化、可视化、数字化，能够形成"人人皆学、处处能学、时时可学"的学习创新空间，为学习者提供"能学、助教、助训、助考"的课程资源。

本书可以作为职业院校汽车类专业的教学用书，也可作为汽车专业领域"1+X"教学和考证用书，还可以作为企业技术培训资料和汽车爱好者的科普读物。凡是选用本书作为教材的教师，均可登录www.cmpedu.com免费注册下载课件。

图书在版编目（CIP）数据

汽车底盘构造与检修：书证融通版 / 盛国超，冯林涛，叶鹏筠主编. —北京：机械工业出版社，2022.6（2023.7重印）
ISBN 978-7-111-70726-4

Ⅰ.①汽⋯ Ⅱ.①盛⋯②冯⋯③叶⋯ Ⅲ.①汽车—底盘—结构—职业技能—鉴定—教材②汽车—底盘—车辆修理—职业技能—鉴定—教材 Ⅳ.①U472.41

中国版本图书馆CIP数据核字（2022）第078025号

机械工业出版社（北京市百万庄大街22号 邮政编码100037）
策划编辑：师 哲 责任编辑：师 哲 谢熠萌
责任校对：肖 琳 张 薇 封面设计：张 静
责任印制：单爱军
北京虎彩文化传播有限公司印刷
2023年7月第1版第2次印刷
210mm×285mm·12.75印张·236千字
标准书号：ISBN 978-7-111-70726-4
定价：49.80元

电话服务 网络服务
客服电话：010-88361066 机 工 官 网：www.cmpbook.com
    010-88379833 机 工 官 博：weibo.com/cmp1952
    010-68326294 金 书 网：www.golden-book.com
封底无防伪标均为盗版 机工教育服务网：www.cmpedu.com

前言

在新一轮科技革命和产业变革的影响下，产业升级和经济结构调整不断加快，"互联网+汽车"、新能源汽车、智能网联汽车等新业态的出现加速了汽车后市场的变革，面对新业态、新生态，与之相适应的汽车后市场人才极其匮乏，因此新时代汽车专业技术技能人才的培养任重道远。

本书准确对接企业岗位需求，基于汽车机电维修人员实际工作过程，开展职业能力分析，梳理了对应的知识点、技能点，进行基于职业能力的模块化处理，搭建以职业能力培养为主线的"基于汽车维护工作岗位"的课程框架。

本书主要内容包括安全工作、汽车传动系统检查与维护、汽车转向系统检查与维护、汽车悬架系统检查与维护、轮胎检查维护与车轮定位、汽车制动系统检查与维护，共6个项目，每个教学项目分为若干个典型的教学任务，每个教学任务都是以任务目标、任务描述、知识储备、任务实施、总结及拓展训练、任务工单、考核评价等环节为主线形成"闭环教学"。

本书以配备任务工单指导学生开展实践操作训练，配备考核评价表来评价学生学习效果，并有配套的实操教学视频，以方便教师教学和学生学习。

本书契合新时代职教精神，是汽车类专业"岗课赛证融通"教材，将汽车专业领域1+X证书制度相关技能标准、职业院校技能大赛试题和企业的新技术、新工艺、新材料和新设备等内容融入教材中。本书是汽车类专业"校企合作"精品教材，校企"双元"合作开发教材，突出职业教育的特点，同时将家国情怀、工匠精神、节能环保等思政元素融入教材。本书是职业教育汽车类专业"互联网+"创新教材，借助"互联网+"及信息技术，教材内容呈现立体化、可视化、数字化等特点，能够形成"人人皆学、处处能学、时时可学"的学习创新空间，为学习者提供"能学、助教、助训、助考"的课程资源。

本书由盛国超、冯林涛、叶鹏筠担任主编，朱宇、陈晖、李成、钟小舟担任副主编，参与编写的还有陆讯、王德荣、何涛、宋治华、王永刚，魏霞担任主审。

本书在编写过程中参考了许多资料与文献，在此向相关作者表示衷心的感谢。同时，还得到了安徽安迪汽车有限公司、合肥新站广汽本田4S店等合作企业的大力支持与帮助，在此表示衷心的感谢。

由于编者水平有限，书中难免有疏漏之处，敬请读者批评指正。

编者

二维码索引

名称	图形	页码	名称	图形	页码
安全注意事项		7	减振器的检查与更换		84
维修车辆的准备		23	轮胎的检查与换位		95
离合器的检查维护		37	轮胎的拆装		101
手动变速器的检查维护		44	轮胎的修复		107
自动变速器的检查维护		51	车轮动平衡		112
传动轴、万向节的检查维护		57	车轮定位		119
转向系统油液泄漏检查与机械机构检查		64	液压系统磨损与泄漏检查		131
动力转向系统的液位检查与油液更换		68	制动液的加注与排气		134
动力转向助力泵传动带的检查		73	盘式制动器的检查与测量		141
悬架系统的检查		80			

目 录

前言

二维码索引

项目一 安全工作 ... 1
 任务一 安全防护 ... 1
 任务二 汽车底盘检修工具和设备使用 ... 11
 任务三 维修车辆的准备 ... 22
 任务四 维修车辆的安全检查 ... 26
 练一练 ... 32

项目二 汽车传动系统检查与维护 ... 34
 任务一 离合器的检查与维护 ... 34
 任务二 手动变速器的检查与维护 ... 39
 任务三 自动变速器的检查与维护 ... 49
 任务四 万向传动装置的检查与维护 ... 55
 练一练 ... 58

项目三 汽车转向系统检查与维护 ... 60
 任务一 转向系统油液泄漏与机械结构的检查 ... 60
 任务二 动力转向系统油液的检查与更换 ... 67
 任务三 动力转向助力泵传动带的检查 ... 71
 练一练 ... 74

项目四 汽车悬架系统检查与维护 ... 76
 任务一 悬架系统的检查 ... 76
 任务二 减振器的检查与更换 ... 82
 练一练 ... 88

项目五 轮胎检查维护与车轮定位 ... 90
 任务一 轮胎的检查与换位 ... 90
 任务二 轮胎的拆装 ... 98
 任务三 轮胎的修复 ... 106
 任务四 车轮动平衡 ... 111
 任务五 车轮定位 ... 116

　　　　练一练 ·· 127

项目六　汽车制动系统检查与维护 ·· 129
　　任务一　液压系统磨损与泄漏的检查 ··· 129
　　任务二　制动液的加注与排气 ·· 133
　　任务三　盘式制动器的检查与测量 ··· 138
　　练一练 ·· 148

参考文献 ·· 149
任务工单及考核评价

项目一　安全工作

【项目描述】

本项目主要介绍汽车底盘维修的前期准备工作，包括安全防护、汽车底盘检修工具和设备使用、维修车辆的准备、维修车辆的安全检查。任务实施包括剪式举升机的使用方法、常用工量具的使用方法、车辆的常规检查方法等。通过本项目的学习，学生可以掌握汽车底盘作业的安全知识以及工具设备的使用方法，能提高安全作业意识，培养良好的操作习惯，养成垃圾分类的习惯。

任务一　安全防护

【任务目标】

1. 了解汽车底盘维修的安全注意事项。
2. 掌握汽车底盘维修的个人防护方法。
3. 熟练掌握举升机和千斤顶的操作规程。

【任务描述】

实训课程操作前进行安全教育的目的在于提高学生的安全意识，这也是实训课的安全保障措施之一。下面讲述汽车底盘维修作业中的安全防护注意事项以及举升机和千斤顶的操作方法。

【知识储备】

一、汽车底盘维修安全管理要求与汽车底盘维修的作业流程

1. 汽车底盘维修的安全管理要求

1）汽车维修技师作业前应按规定穿戴好工作服，依次有序进入作业场地。

2）在汽车维修场地，严禁追逐打闹，严禁手机充电和使用大功率电器，严禁私自操作、野蛮操作，严禁抽烟。

3）未经允许，不得私自起动车辆。

4）起动车辆时，应确保车辆前方和后方无任何人员和物体。

5）地面指挥车辆行驶移位时，人员不得站在车辆正前方与后方，并应注意周围障碍物。

6）工作前应检查所使用工具是否完整无损；施工中工具必须摆放整齐，不得随地乱放；工作完成后应将工具清点检查并擦拭干净，按要求放入工具车或工具箱内。

7）拆装零部件时，必须使用合适的工具或专用工具，不得使用蛮力，不得用锤子等硬物直接敲击零件，所有零件拆卸后要按一定顺序整齐安放，不得随地堆放。

8）用千斤顶进行底盘作业时，必须选择平坦、坚实场地并用车轮挡块将前后轮塞稳，然后用安全凳按车型规定支撑点将车辆支撑稳固，严禁单纯用千斤顶顶起车辆在车底作业。

9）废油应倒入指定废油桶收集，不得随地倒油或倒入排水沟内，防止废油污染。

10）修配过程中应认真检查原件或更换件是否符合技术要求，并严格按修理技术规范认真进行施工和检查调试。

11）修竣发动机起动检验前应先检查各部分装配是否正确，是否按规定加足润滑油、冷却液，置变速器于空档，轻点加速踏板试运转。任何时候车底有人时，严禁发动车辆。

12）维修作业时应注意保护汽车漆面、装饰、座位以及地毯，并保持修理车辆的整洁。

2. 汽车底盘维修的作业流程

1）汽车维修技师接到任务后，应根据《接车登记表》对车辆进行验收，确认故障现象，必要时试车。

2）根据《委托任务书》上的工作内容进行维修或诊断，维修技师凭《委托任务书》领料，并在出库单上签字。

3）非工作需要不得进入车内，不能开动顾客车上的电气设备。

4）对于顾客留在车内的物品，维修技师应小心保护，非工作需要严禁触动，因工作需要触动时要通知服务顾问并征得顾客的同意。

5）作业进度发生变化时，维修技师必须及时报告车间主管及服务顾问，取得顾客谅解或认可。

6）作业完成后，先进行自检，自检完成后，交班组长检验。检验合格后，班组长在《任务委托书》上写下车辆维修建议与注意事项，并签名，交质检员或技术总监进行质量检验。

7）质检员或技术总监进行100%总检。

8）总检合格后，若顾客接受免费洗车服务，则将车辆开至洗车工位进行清洗，同时通知车间主管及服务顾问。

9）清洁后将车辆停放到竣工停车区，应停放整齐，车头朝向出口方向。

10）通知服务顾问准备交车，将车钥匙、《任务委托书》《接车登记表》等物品移交车间主管，并通知服务顾问车辆已修完，通知服务顾问停车位置。

二、人员和车辆的正确防护

穿戴整洁的工作服和工作鞋是职业化形象的具体体现，也是安全生产的基本要求。

1. 工作服

为了安全和方便工作，工作服必须结实合身；不要将腰带扣、纽扣、手表等坚硬物体暴露在外；尽量不要裸露皮肤。工作服如图1-1所示。

2. 工作鞋

工作鞋前部有保护钢板，底部具有防滑和绝缘功能，可以起到很好的保护作用。

3. 其他防护用具

图1-1　工作服

工作服和工作鞋是工作中必须穿着的，而其他防护用具应根据作业内容来决定是否佩戴。如检查排气管等热的物体时必须佩戴手套（图1-2），以防烫伤；在操作旋转性设备如风动扳手时，禁止戴手套。在操作会产生碎片的设备，如砂轮机时，应佩戴护目镜（图1-3）。

图1-2 工作手套 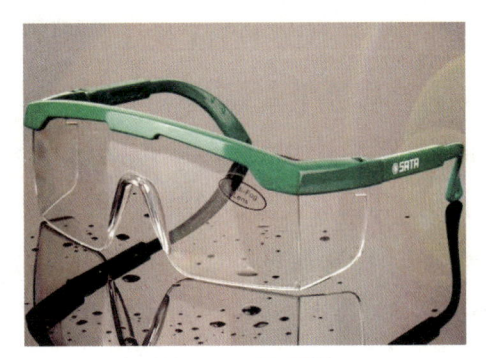　　　　　　　图1-3 护目镜

4. 车辆防护

在进行车辆作业前，必须对车辆内外做好防护工作，保护车辆的同时也体现"客户至上"的理念。为了保证车辆固定不动，应放好车轮挡块（图1-4）；为了避免作业时弄脏车内设施，应铺好地板垫、座椅套、转向盘套等（图1-5）；为了避免操作时损坏或腐蚀车辆外部，应铺好翼子板布和前格栅布（图1-6）；为了保护作业环境，在起动发动机前应接上排气烟道（图1-7）；在作业完成后，还应对车内外进行清洁。

图1-4 车轮挡块 　　　　　　　图1-5 车内防护

图1-6 车外防护 　　　　　　　图1-7 排气烟道

三、举升机和千斤顶的使用

1. 举升机的作用

举升机是汽车4S店的常用设备之一，能将施修的汽车进行举升，使其离开地面一

定高度，以便修理人员进入汽车底部作业，或进行轮胎拆卸、车轮定位等工作。举升机能给修理工作带来极大的方便，加之其价格低廉、使用简单，因此被广泛使用。

2. 举升机的类型

1）举升机按照功能和形状分为四柱式举升机（图 1-8）、龙门两柱式举升机（图 1-9）、单柱式举升机（图 1-10）、小剪举升机（图 1-11）和子母大剪举升机（图 1-12）。

2）举升机按照功能分为车轮定位型举升机和平板式举升机。

3）举升机按照占用的空间不同分为地上式举升机和地藏式举升机。

图 1-8　四柱式举升机

图 1-9　龙门两柱式举升机

图 1-10　单柱式举升机

图 1-11　小剪举升机

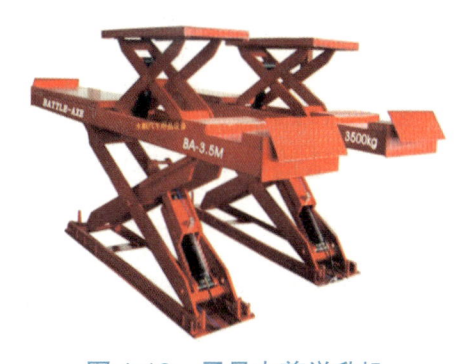

图 1-12　子母大剪举升机

3. 举升机操作规程

1）使用举升机前应熟悉操作要领，清除举升机附近妨碍作业的器具及杂物，对升降台（架、臂）、安全防护装置进行检查，发现性能不正常时，应在操作前排除相关故障。使用举升机时，教师必须站在旁边指导，未经教师同意，学生禁止使用举升机。

2) 待举升的车辆驶入后，应根据车辆的重心，选择合理的支承位置。汽车底部应使用合适的橡胶中间层，橡胶支垫与汽车之间不允许垫入木材等垫块。

3) 待举升车辆的质量要小于举升机的额定举升质量。车辆举升离地约10cm时，应停止举升并进行安全检查，升到需要的高度时，必须插入保险销锁，并把车辆用合适的支撑物安全稳妥地支撑住后，工作人员才能进入下面作业。

4) 除二级维护及小修项目外，其他繁琐笨重的维修作业，不得在举升机上进行。举升机在上升、下降过程中，被举升的汽车内和下面禁止有人。

5) 举升车辆不得频繁起落，支车时举升要稳，降落要慢。发现举升机操作机构不灵、电动机不同步、托架不稳或液压部分漏油时，应停止使用并及时报修。

6) 举升机落地前，必须将托架下方台面清理干净，防止因有异物垫起托架而影响下端限位开关的正常工作，导致产生托架落空现象。

7) 定期（半年）对举升机进行维护，当压力油不足时应及时加注相同牌号的压力油，同时应检查润滑系统、举升机传动齿轮及链条。

8) 维修作业完毕，应及时清除举升机周围杂物并断开电源，以保证安全和作业场地的整洁。

4. 汽车千斤顶的分类

常见的汽车千斤顶主要有两种类型：齿条千斤顶和螺旋千斤顶。随车千斤顶的特点是体积小，适合放置在汽车行李舱中。

(1) 齿条千斤顶　齿条千斤顶是最常见的随车工具，它由齿条、齿轮、转动机构三个部分组成，依靠转动机构使齿条旋转，托起千斤顶支承部位，从而举升车辆，其缺点是承重量较小。齿条千斤顶有两种结构，分别是人字形结构和菱形结构。

1) 人字形结构。这种结构的齿条千斤顶能支承的质量比较小，因此主要配备在小型汽车上。

2) 菱形结构。目前，大部分家用车配备的都是这种结构的齿条千斤顶，其支承结构比人字形结构更牢固可靠。从小型汽车到SUV，车上配备的菱形齿条千斤顶的结构都是一样的，只是用料及尺寸有所不同。

(2) 螺旋千斤顶　螺旋千斤顶是依靠自身的螺纹结构自锁来支承车辆，其承重量比齿条千斤顶要大得多。不过，这种千斤顶的举升效率比较慢，但下降快，使用时需要注意安全。

5. 汽车千斤顶使用注意事项

1) 将车辆固定好。在使用千斤顶举升汽车前，应该将车辆停放在平整、坚实的水平地面上，防止车辆滑动或千斤顶倾倒。手动档车型应拉起驻车制动手柄，同时将变速杆挂入 1 档或者倒档。自动档车型也要拉起驻车制动手柄，同时将变速杆挂到 P 位。

2）选择正确的顶举位置。各种车型的汽车为确保安全，使用千斤顶时一般都有固定的位置，不能用千斤顶支在保险杆、横梁等部位。汽车底部的金属筋上有一个凹槽或是三角形的记号，千斤顶的支承点通常在侧面裙边的内侧，在前轮的后面 20cm 左右处，后轮的前面 20cm 左右处。将千斤顶放入车下进行举升操作，当千斤顶顶部与底盘接触时，须检查是否支承到位。

3）固定千斤顶底部。使用千斤顶时，要注意地面情况，应该尽量选择适合千斤顶固定的地面进行操作。如果车辆处于松软的地面，则需要在千斤顶下面垫上一块面积大且坚硬的支撑物，如木板、地砖、铁板等，以保证千斤顶固定不动。

4）留意千斤顶的最大承重量。每个千斤顶都有其承重极限，而这个承重极限都会标示在千斤顶的标签上。在使用千斤顶之前，必须明确其最大承重量以及千斤顶的工作极限，以防支承力不够导致意外发生。

5）汽车千斤顶摇臂都是分体结构，需要与配套的扳手和套管连接后方可进行旋转，所以在举升千斤顶的过程中，用力要均匀，切忌过快或者用力过猛。

6）随车千斤顶仅在更换轮胎或者检查悬架时使用，不能代替举升机进行大幅度的维修工作，严禁将身体或手臂探到车身下面。

7）车辆被千斤顶顶举的时候，严禁起动发动机。

【任务实施】

一、工具设备准备

实训车辆、剪式举升机、举升机垫块、车轮挡块等。

二、任务操作过程

1. 小剪举升机的使用	
1）检查车身位置是否对中	2）安装举升机垫块

扫一扫

安全注意事项

（续）

 3）举升车辆至刚离地	 4）检查车身位置是否水平
 5）在车辆前端按压车身，确定车身稳定后，可以继续举升	 6）在车辆后端按压车身，确定车身稳定后，可以继续举升
 7）举升车辆至合适位置。举升过程中需注意车身水平位置，以防车辆侧倾	 8）落锁
 9）检查机械落锁是否到位	 10）降下车辆。下降过程中需注意车身水平位置，以防车辆侧倾

（续）

11）移除举升机垫块	
2. 子母大剪举升机的使用	
 1）检查车身位置是否对中	 2）检查车身位置是否水平
 3）安装车轮挡块	 4）安装举升机垫块
 5）大剪举升车辆至合适位置。举升过程中需注意车身水平位置，以防车辆侧倾	 6）检查车身位置是否水平

（续）

 7）大剪落锁	 8）检查大剪机械落锁是否到位
 9）小剪举升车辆至合适位置。举升过程中需注意车身水平位置，以防车辆侧倾	 10）小剪落锁
 11）检查小剪机械落锁是否到位	 12）小剪降下车辆
 13）大剪降下车辆	 14）移除举升机垫块

项目一 安全工作

（续）

15）移除车轮挡块

3. 车辆恢复及做好 5S

1）收车轮挡块并归位
2）收举升机垫块并归位
3）车辆、地面清洁

【总结及拓展训练】

通过本任务的学习，学生应该熟练掌握小剪举升机和子母大剪举升机的使用方法。本任务与汽车运用与维修职业技能等级证书标准中的 1-2【汽车转向悬架与制动安全系统技术 - 模块】职业技能要求相对应，要勤加练习，为以后考取相应等级的职业技能等级证书打下基础。现有一台移动单柱式举升机，如图 1-13 所示，请根据已学知识，练习此类举升机的使用。

图 1-13 移动单柱式举升机

> **小提示**
> 安全生产是我们党和国家在生产建设中一贯坚持的指导思想，是我国的一项重要政策，同学们要树立安全生产意识，在以后的工作中，贯彻"安全第一、预防为主、综合治理"的安全生产方针。

任务二 汽车底盘检修工具和设备使用

【任务目标】

1. 了解汽车底盘常用工具设备的用途与分类。
2. 掌握各类专用工具设备使用方法。

【任务描述】

汽车是由上万个零部件组合而成，在对其进行维护和维修时，针对不同的零部件，需要使用相应的工具设备进行操作，正确选择和使用工具设备，既能对零部件起到很好的保护作用，又能提高工作效率，下面讲述汽车底盘检修中常用工具设备的使用方法。

【知识储备】

一、工具与设备的使用管理规范

在汽车维修中，常用的工具与设备主要有成套套筒扳手、梅花扳手、呆扳手、扭力扳手、钳子、螺钉旋具（俗称螺丝刀）和锤子等。每件工具都有自己特定的功能和使用方法，如果用于规定用途之外或使用方法不正确，将有可能造成零件、工具损坏甚至人员受伤害。工具使用完毕，应及时清洁及维护。

1. 扳手

（1）呆扳手　呆扳手是最常见的一种扳手，俗称开口扳手，其开口的中心平面和本体中心平面夹角为15°，这样既能适应人手的操作方向，又可降低对操作空间的要求。其规格是以两端开口的宽度来表示的，如8~10mm、12~14mm等；通常是成套装备，有8件一套、10件一套等，一般是由45号、50号钢锻造，并经热处理，呆扳手如图1-14所示。

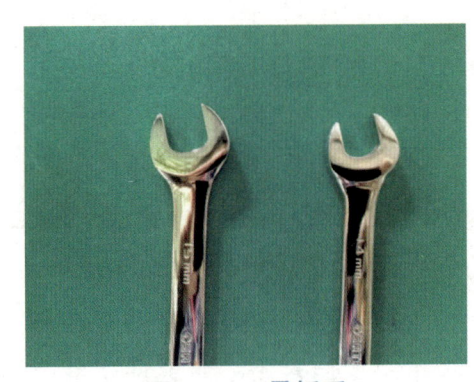

图1-14　呆扳手

> **注意**
> 呆扳手使用方法及注意事项：
> ① 呆扳手的规格应与所拆螺栓、螺母相适应。如果过大，呆扳手开口侧面就不能与螺栓头部或螺母贴紧，用力时呆扳手就会脱离螺栓头部或螺母，导致滑丝。
> ② 使用呆扳手时，为了使呆扳手不致损坏或滑出，在最初旋松和最后旋紧螺母时，拉力应施加在较厚一边的扳口上，但螺母松动后可以翻转使用。
> ③ 使用呆扳手时，最好的效果是拉动，若必须推动，只能用手掌来推并且手指要伸直，以防螺母松动时碰伤手指。
> ④ 扳手钳口以一定角度与手柄相连，这意味着通过转动呆扳手，可在有限空间中进一步旋转，为防止相对的零件也转动，如在拧松一根燃油管时，可用两个呆扳手去拧松一个螺母。不能在呆扳手手柄上接套管，因为这会造成超大转矩，损坏螺栓或呆扳手。

（2）梅花扳手　梅花扳手同呆扳手的用途相似，其两端是花环式的，它转矩大、工作可靠、不易滑脱、携带方便。其孔壁一般是12边形，使用时可将螺栓和螺母头部套住，扳动30°后，即可换位再套，因而适用于狭窄场合。与呆扳手相比，梅花扳手强度高，因为梅花扳手钳口是双六角形的，可以容易地装配螺栓、螺母，可以在一个有限空间内使用。由于螺栓、螺母的六角形表面被梅花扳手包住，因此没有损坏螺母角的危险，可施加大转矩。梅花扳手使用时不易滑脱，但套上、取下不方便。其规格以闭口尺寸 S（mm）来表示，如 8~10mm、12~14mm 等；通常是成套装备，有 8 件一套、11 件一套等，通常由 45 号钢或 40Cr 锻造，并经热处理，梅花扳手如图 1-15 所示。

（3）**两用扳手** 两用扳手兼有以上两种扳手的优点，用起来更方便。两用扳手就是把呆扳手和梅花扳手制成一体，即一端是呆扳手，另一端是梅花扳手，并且呆扳手和梅花扳手的公制尺寸相同。呆扳手一端适合快拧，梅花扳手一端可用于大力矩紧固操作，工作效率高。因此在汽车维护作业中，两用扳手的使用更加普遍，通常也是成套装备，使用方法及注意事项与呆扳手、梅花扳手相同，两用扳手如图 1-16 所示。

> **注意**
> 梅花扳手使用方法及注意事项：
> ① 使用梅花扳手时，扳手与螺母的尺寸必须相符。如果松动，就会损坏螺母及梅花扳手棱角，甚至会将手碰伤。
> ② 在工作中遇到较紧的螺栓不易旋松时，禁止在扳柄上再增加力臂或用锤子锤击扳柄，以免折断梅花扳手。

图 1-15 梅花扳手

图 1-16 两用扳手

（4）**套筒扳手** 套筒扳手的材料、环孔形状与梅花扳手相同，适用于拆装位置狭窄或需要一定转矩的螺栓或螺母。套筒扳手主要由套筒头、滑头手柄、棘轮手柄、快速摇柄、接头和接杆等组成，各种手柄适用于各种不同的场合，使用时由几件组成一把扳手。其套筒部分与梅花扳手的端头相似，套筒制成单件，可以拆下。可根据需要，选用不同规格的套筒和各种手柄进行组合。活动手柄可以调整所需力臂，快速手柄用于快速拆装螺母或螺栓，同时还能配用扭力扳手显示扭紧力矩。

套筒扳手具有功能多、使用方便、安全可靠的特点，尤其在拆装部位空间狭小、凹下很深或不易接近等部位的螺栓或螺母更为方便、实用。以操作方便或提高效率为原则，常用套筒扳手的规格是 10~32mm，有 13 件套、17 件套和 24 件套等多种规格，成套的套筒扳手如图 1-17 所示。

套筒头是圆筒形状，使用时环孔紧套在螺栓或螺母的 6 个面上，所以不会打滑或脱落，是汽车维护中的常用工具。套筒头的环孔形状与梅花扳手相同，有 6 角或 12 角，但二者的强度基本没有区别，可以随意选择，但是紧固小尺寸的螺栓式螺母时，为防止螺栓变形，建议选用 6 角，套筒头如图 1-18 所示。

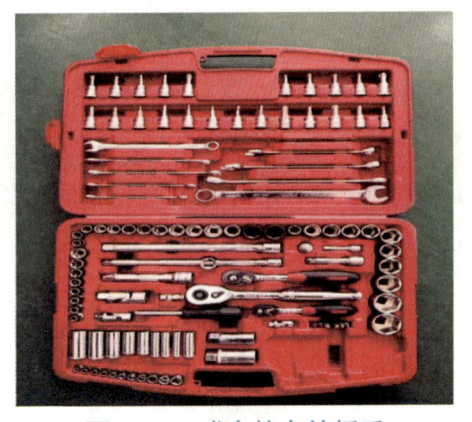

图 1-17　成套的套筒扳手

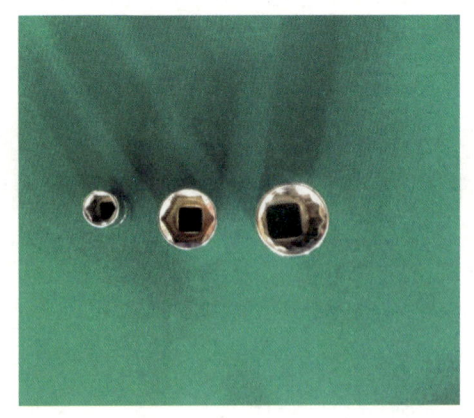

图 1-18　套筒头

按套筒扳手的用途分类，有利用棘轮手柄作业的手动套筒扳手和利用气动工具、电动工具作业的机动套筒扳手。一般机动套筒扳手比手动套筒扳手的尺寸都大15%~20%，并且机动套筒扳手的强度和硬度都比较高，表面更不易变形。所以不可以将手动套筒扳手代替机动套筒扳手使用，以免损坏。

套筒扳手的手柄有棘轮扳手和旋转扳手，棘轮扳手能提高工作效率，使用广泛，棘轮扳手的方头部分为棘轮结构，可以切换正转或反转，特别适合狭窄场合使用。此外，套筒扳手的手柄还有L形伸缩手柄、快速摇柄和滑行头手柄等。滑行头手柄的手柄头可沿扳杆滑动，力臂可以变化，L形伸缩手柄可倾斜一定角度旋转套筒头，快速摇柄能连续转动，使用方便，工作效率较高。

接杆连接在套筒头与手柄之间，适合在狭窄空间作业，可用于拆下和更换装得太深不易接触的螺栓或螺母，加长杆可将工具抬离平面一定高度。可根据使用情况，选择接杆的长度，接杆如图 1-19 所示。

万向接头的方形套头部分可以前后或左右移动，使手柄和套筒头之间的角度可以自由变化，使其成为在有限空间内的有用工具。注意不要使手柄倾斜较大角度来施加转矩；不能用于风动工具，否则球节将由于不能吸收旋转摆动而脱开，会造成工具、零件或车辆损坏，万向接头如图 1-20 所示。

图 1-19　接杆

图 1-20　万向接头

（5）内六角扳手　内六角扳手也称为六角棒扳手，其断面形状为六角形，内六角扳手是用来拆装六角头螺栓和螺钉的，有管套型、L形、T形等几种结构形式，通常用铬钒钢、碳钢等材料制成。铬钒钢扳手比碳钢扳手更有韧性。内六角扳手规格以六角形对边尺寸表示，3~27mm尺寸的有13种，汽车维修作业中使用成套内六角扳手拆装M4~M30的内六角头螺栓，内六角扳手如图1-21所示。

（6）活扳手　活扳手的开口尺寸能在一定的范围内任意调整，可用于拆装不规则的螺母或螺栓，其使用场合与呆扳手相同，但活扳手操作起来不太灵活。其规格是以最大开口宽度（mm）来表示的，常用的有150mm、300mm等，通常是由碳素钢（T）或铬钢（Cr）制成的，活扳手如图1-22所示。

> **注意**
> 活扳手使用方法及注意事项：使用活扳手时，应将活动钳口调整至合适位置，工作时应使扳手可动部位承受推力，固定部分承受拉力，并且用力应均匀；尽量使用梅花扳手和呆扳手，不得已使用活扳手时，一定要调整好开口的尺寸与螺母棱角的配合，小心使用，以防破坏螺母棱角；在调节钳口的旋转方向上来转动扳手，如果不用这种方法转动扳手，压力将作用在调节螺杆上，使其损坏。

图 1-21　内六角扳手

图 1-22　活扳手

（7）扭力扳手　扭力扳手是一种用于拧紧螺栓或螺母达到规定的转矩并可读出所施扭矩大小的专用工具，它除用来控制螺纹件拧紧力矩外，还可以用来测量旋转件的转矩，以检查配合、装配情况。

扭力扳手可分为预置式（图1-23）、表盘式和板簧式（图1-24）。预置式扭力扳手通过旋转套筒可预设所要求的扭矩，当螺栓在这些条件下拧紧时，会听到"咔嗒"声，它表明已达到规定的扭矩。板簧式扭力扳手通过弯曲梁板，借助作用到旋转手柄上的力进行操作，此梁板由钢板弹簧制成，其作用力可通过指针和刻度读出，以便取得规定的扭矩。表盘式扭力扳手则最为常用。

图 1-23　预置式扭力扳手

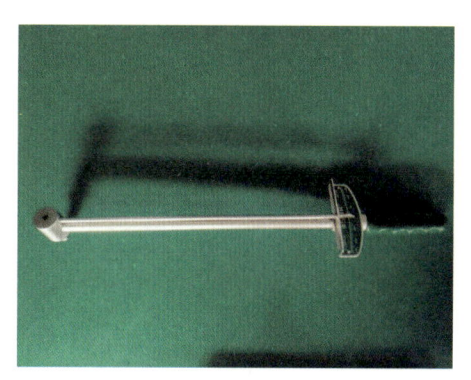

图 1-24　板簧式扭力扳手

> **注意**
> 使用扭力扳手应注意以下事项：
> ① 所选用的扭力扳手的开口尺寸必须与螺栓或螺母的尺寸相符合，扳手开口过大易滑脱并损伤螺母的六角，在进口汽车维修中，应注意扳手公英制的选择。
> ② 为防止扳手损坏和滑脱，应使拉力作用在开口较厚的一边，这一点对受力较大的活扳手尤其应该注意，以防开口出现"八"字形，损坏螺母和扳手。
> ③ 扭力扳手是按人手的力量角度来设计的，遇到较紧的螺纹件时，不能用锤击打扳手；除套筒扳手外，其他扳手都不能套装加力杆，以防损坏扳手或螺纹连接件。
> ④ 扭力扳手使用时，当听到"啪"的一声时，此时是最合适的。
> ⑤ 如果拧紧几个螺栓，在每个螺栓上应均匀施加扭矩，重复2~3次。
> ⑥ 如果专用维修工具与扭力扳手一起使用，则要按照《维修手册》中的说明计算扭矩。
> ⑦ 使用板簧式扭力扳手应注意，使用扭力扳手量程的50%~70%施加均匀的力，不要用力太大，使手柄接触到杆。如果压力不是作用在销上，则不能获得精确的扭矩测量值。

（8）专用扳手　专用扳手是一种用途较为单一的特殊扳手的统称，通常是以其用途或结构特点来命名。每一种专用扳手又可以按照不同的规格和尺寸进行分类。在使用专用扳手时，必须选用与零件相适应的扳手，以免扳手滑脱伤手或损坏零件。

① 火花塞套筒扳手（图1-25）用来拆装火花塞，可根据火花塞的型号选择相应的规格。

② L形轮胎扳手用于拆装轮胎。

③ 气门芯扳手用于拆装气门芯。

④ 机油滤清器扳手（图1-26）用于拆装机油滤清器。

> **注意**
> 风动工具使用方法及注意事项：在正确的气压下使用，定期检查风动工具并用风动工具油润滑和防锈；如果用风动工具从螺栓上完全取下螺母，则旋转力可使螺母飞出，往往先用手将螺母对准螺栓，如果一开始就打开风动工具，则螺纹会被损坏，注意不要拧得过紧；使用较小的力拧紧，最后使用扭力扳手检查紧固力矩。

图1-25　火花塞套筒扳手　　　图1-26　机油滤清器扳手

（9）风动工具　风动工具使用压缩空气，并用于拆卸和更换螺栓或螺母，使用方便，能较快地完成工作，风动工具如图1-27所示。

2. 螺钉旋具

螺钉旋具俗称螺丝刀，主要用于旋松或旋紧有槽螺钉，螺钉旋具有很多类型，其区别主要是尖部形状，每种类型的螺钉旋具都按长度不同分为若干规格。常用的螺钉旋具是一字螺钉旋具和十字槽螺钉旋具，如图1-28所示。

图 1-27 风动工具

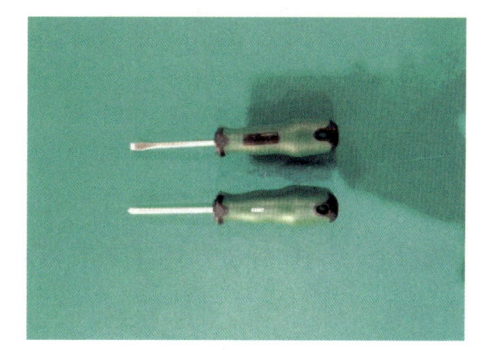

图 1-28 螺钉旋具

> **注意**
> 螺钉旋具使用方法及注意事项：使用尺寸合适的螺钉旋具，与螺钉的槽大小合适；保持螺钉旋具与螺钉尾端在一条直线上，边用力边转动；切勿用鲤鱼钳或其他工具过度施加扭矩，这可能刮削螺钉的凹槽或损坏螺钉旋具尖头。

一字螺钉旋具俗称一字起子、平口改锥，用于旋紧或松开头部开一字槽的螺钉，一般工作部分用碳素工具钢制成，并经淬火处理。其规格以刀体部分的长度表示，常用的规格有 100mm、150mm、200mm 和 300mm 等几种。使用时，应根据螺钉沟槽的宽度选用相应的规格。十字槽螺钉旋具俗称十字形起子、十字改锥，用于旋紧或松开头部带十字沟槽的螺钉，材料和规格与一字螺钉旋具相同。

3. 钳子

钳子多用来弯曲或安装小零件、剪断导线或螺栓等。钳子有很多类型和规格。

（1）**鲤鱼钳** 鲤鱼钳钳头的前部是平口细齿，适用于夹持一般小零件；中部凹口粗长，用于夹持圆柱形零件，也可以代替扳手旋小螺栓、小螺母；钳口后部的刃口可剪切金属丝。由于鲤鱼钳一片钳体上有两个互相贯通的孔，又有一个特殊的销子，所以操作时钳口的张开度可很方便地变化，以适应夹持不同大小的零件，是汽车维修作业中使用最多的手钳。其规格以钳长来表示，一般有 165mm 和 200mm 两种，用 50 钢制造，鲤鱼钳如图 1-29 所示。

（2）**钢丝钳** 钢丝钳的用途和鲤鱼钳相似，但其支销相对于两片钳体是固定的，故使用时不如鲤鱼钳灵活，但剪断金属丝的效果比鲤鱼钳要好，规格有 150mm、175mm 和 200mm 三种，钢丝钳如图 1-30 所示。

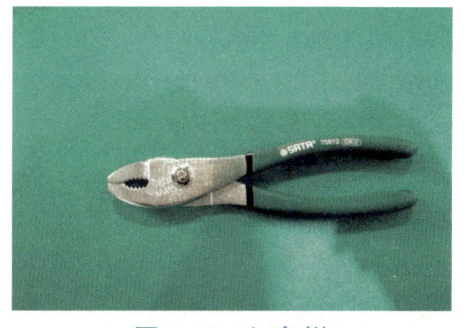

图 1-29 鲤鱼钳

图 1-30 钢丝钳

（3）**尖嘴钳** 尖嘴钳和弯嘴钳，因其头部细长，所以能在较小的空间内工作，带刃口的能剪切细小零件，使用时不能用力太大，否则钳口头部会变形或断裂。其规格以全长来表示，常有 125mm、150mm 和 175mm 三种，尖嘴钳如图 1-31 所示。

（4）挡圈钳 挡圈钳用于拆装弹性挡圈，分为孔用和轴用两种，每一种又可分为直嘴式和弯嘴式。汽车维修维护作业中使用较多的为 175mm 规格的。轴用挡圈钳是拆装轴用弹簧挡圈的专用工具，手把握紧时，其钳口是张开的；孔用挡圈钳是拆装孔用弹簧挡圈用的，手把握紧时，其钳口是闭合的，挡圈钳如图 1-32 所示。

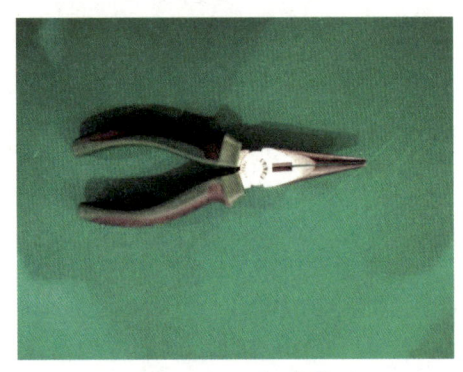

图 1-31 尖嘴钳 　　　　图 1-32 挡圈钳

4. 锤子

汽车维修中常用锤子有铁锤、木锤和橡胶锤。铁锤通常由工具钢制成，规格按锤头质量划分，汽车维修中最常用的是圆头锤，使用时应使锤头安装牢靠，手握锤柄末端，用锤头正面击打物体。木锤和橡胶锤主要用于击打零件加工表面，以保护零件不被损坏，锤子如图 1-33 所示。

5. 撬棍

撬棍为汽车工具箱中的一件普通工具，可用于撬动旋转件或敲开接合面，也可用于工件的整形，使用时将撬棍稳定支承于某一位置，加力使之转动或撬起。使用时，撬棍不可代替铜棒使用，也不可用于软材质界面接合处，撬棍如图 1-34 所示。

图 1-33 锤子 　　　　图 1-34 撬棍

二、精密仪器的介绍

1. 钢直尺

钢直尺是一种最简单的测量长度并直接读数的量具，用薄钢板制成，常用来粗测工件的长度、宽度和厚度。常见钢直尺的规格有 150mm、300mm、500mm、1 000mm 等，钢直尺如图 1-35 所示。

2. 游标卡尺

游标卡尺主要用来测量零件的内外直径和孔（槽）的深度等，其精度分 0.1mm、0.05mm、0.02mm 三种。测量时，应根据测量精度的要求选择合适精度的游标卡尺，并擦净卡脚和被测零件的表面。测量时将卡脚张开，再慢慢地推动游标，使两卡脚与工件接触，禁止硬卡硬拉。使用后要把游标卡尺卡脚擦净并涂油后放入盒中，游标卡尺如图 1-36 所示。

图 1-35　钢直尺　　　　　　图 1-36　游标卡尺

游标卡尺由尺身、游标、活动卡脚和固定卡脚等组成。常用精度为 0.1mm 的游标卡尺，其尺身上每一刻度为 1mm，游标上每一刻度表示 0.1mm。读数时，先看游标上"0"刻度线对应的尺身刻度线读数，再找出游标上与尺身某一 n 度线对得最齐的一条刻度线读数，测量的读数为尺身读数加上 0.1 倍的游标读数。

3. 百分表

百分表主要用于测量零件的形状误差（如曲轴弯曲变形量、轴颈或孔的圆度误差等）或配合间隙（如曲轴轴向间隙）。常见百分表有 0~3mm、0~5mm 和 0~10mm 三种规格。百分表的刻度盘一般为 100 格，大指针转动 1 格表示 0.01mm，转动 1 圈为 1mm，小指针可指示大指针转过的圈数，百分表如图 1-37 所示。

在使用时，百分表一般要固定在表架上。用百分表进行测量时，必须先调整表架，使测杆与零件表面保持垂直接触且有适当的预缩量，并转动表盘使指针对正表盘上的"0"刻度线，然后按一定方向缓慢移动或转动工件，测杆则会随零件表面的移动自动伸缩。测杆伸长时，表针顺时针转动，读数为正值；测杆缩短时，表针逆时针转动，读数为负值。

图 1-37　百分表

4. 拆胎机

拆胎机也称为扒胎机、轮胎拆装机。在汽车使用过程中，轮胎作为安全件，需要定期进行更换，使用拆胎机可以方便顺利地拆装轮胎。拆胎机种类众多，有气动式和液压式两种，最常用的是气动式拆胎机，如图 1-38 所示。

5. 车轮动平衡仪

当汽车轮胎更换完毕，由于制造方式和结构上的特点，车轮的质量不可能是完全分布均匀的。如果不进行轮胎平衡调整，会造成车身在行驶过程中左右抖动或转向盘振动。因此需要借助车轮动平衡仪测出车轮不平衡点，并在车轮上添加动平衡块使汽车车轮维持平衡，车轮动平衡仪如图 1-39 所示。

图 1-38　气动式拆胎机　　　　图 1-39　车轮动平衡仪

项目一 安全工作

【任务实施】

一、工具设备准备

准备好游标卡尺、百分表、世达 120 件等。

二、任务操作过程

1. 工具的认知与使用

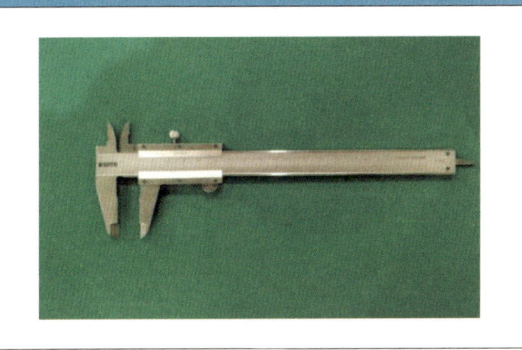

1）游标卡尺的使用与读数　　2）百分表的使用与读数

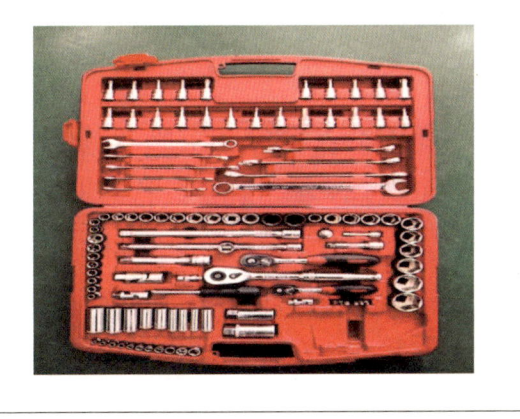

3）120 件的认知与使用　　4）练习使用预置式扭力扳手

2. 工具的清洁与做好 5S

【总结及拓展训练】

"工欲善其事，必先利其器"，通过本任务的学习，可了解汽车底盘常用工具设备的用途与分类，掌握各类专用工具设备使用方法。本任务与汽车运用与维修职业技能等级证书标准中的 1-2【汽车转向悬架与制动安全系统技术 - 模块】职业技能要求相对应，学生要勤加练习，为以后考取相应等级的职业技能等级证书打下基础。在老师的指导下学习风动工具的使用方法，并练习拆装车轮。

任务三　维修车辆的准备

【任务目标】

1. 掌握维修工单的填写方法。
2. 掌握汽车维修前车辆防护的方法。

【任务描述】

客户王先生的别克威朗汽车无法起动，该车辆被运送到别克 4S 店，服务顾问进行预检前，对该车辆进行了安全防护，并将预检结果进行了登记。下面讲述车辆安全防护的方法和维修工单的填写方法。

【知识储备】

一、维修工单的填写

维修工单一般由服务顾问联、客户取车联和维修档案联三联组成，当车辆进行维护或维修时，服务顾问就会拿着这样的一份汽车维修工单与客户进行前期的沟通。服务顾问和车主沟通并填写完整的预检工单后，将其交给维修人员。维修人员将按照服务顾问的预检情况，对车辆进行详细检查，维修工单后期作为车辆的维护、维修记录进行存档。同时，维修工单也作为车辆维护或维修价格核算的重要依据。

> **注意**
> 在进行工单的填写时，要注意以下几点：
> 1) 在录入工单时，车辆信息务必要填写准确。客户车牌号、发动机型号、VIN、行驶里程等务必准确无误。
> 2) 车辆故障描述要和维修工单保持一致，不得随便填写。
> 3) 交接时间与责任人必须按照实际填写，并且通知时间不得大于结算时间，若大于需填写延时说明，说明延时原因以及延时时间。
> 4) 维修工单内容，维修人员必须按照实际情况填写，检测项目中如果更换配件也属于增修项目，增修项目必须通知到客户并让客户签字确认。

二、车辆准备

维修工单填写完后，要对汽车进行维修前的准备，主要准备内容如下。

1) 将车停至便于举升的位置，查看车辆停放是否安全。
2) 安装车轮挡块，防止车轮前后移动。

3）安装车内三件套（脚垫、座椅套、转向盘套），防止维修人员弄脏车辆。

4）摇下主驾驶位车窗玻璃，防止钥匙误锁在车内。

5）打开发动机舱，安装车外三件套，防止维修人员随身携带的工具或金属制品剐伤车漆。

6）针对需起动的车辆，安装尾气收集管。

7）对车辆的油、水、电进行检查及检测，这是待维修车辆起动的必要条件，检查内容包括：机油油位、制动液液位、冷却液液位、蓄电池电压以及部件连接情况等。

三、清洁与排放

1. 清洁

对于待维修车辆，要进行维修前的清洁以及维修后的清洁。维修前，将维修相关部位进行清洁，保证维修人员能够准确地判断问题所在。维修后，需要将车辆恢复原状，必要时要清洗车辆，同时也要保证维修场所环境清洁卫生，不污染环境，进一步消除浑浊的空气、粉尘、噪声和污染源，预防职业病。

2. 排放

对于需要在维修时起动车辆的，需要安装尾气收集管，保证维修场所环境不被尾气污染。

【任务实施】

一、工具设备准备

准备好实训车辆、车内三件套、车外三件套、举升机垫块、车轮挡块等。

二、常规检查操作

1. 维修车辆准备工作	
1）安装车轮挡块。车轮挡块安装在非驱动轮，安装要贴紧车轮	2）安装排烟套

（续）

 3）安装车内三件套，包括转向盘套、座椅套和地板垫	 4）打开发动机舱盖 5）安装车外三件套，包括左右翼子板布、前格栅布
2. 维修车辆常规检查	
 1）机油油位检查。抽出机油标尺，使用抹布擦干净机油标尺，重新放入机油标尺等待2s，抽出机油标尺观察机油油量	 2）防冻液液位及冷却系统管路的检查 ① 使用手电筒检查膨胀水箱的液位 ② 检查冷却水管（共6根），其中包括膨胀水箱到发动机之间的水管、膨胀水箱到加热器之间的水管、散热器到发动机之间的水管
 3）制动液液位检查。使用手电筒检查制动液液位	 4）玻璃水液位检查。使用手电筒检查玻璃水液位

（续）

5）蓄电池电压检查
① 校准万用表，使用万用表电阻档位进行校零，万用表内阻小于 0.4Ω 为合格
② 测量蓄电池电压。对于装在行李舱位置的蓄电池，测量电压时可直接测量发动机舱内设计预留的正极测量点与预留的车身搭铁测量点之间的电压，此电压值也为蓄电池的电压值。一般情况下，蓄电池电压值为 12V 或稍大于 12V 时为正常电压，低于 12V 电压时，需要对蓄电池进行充电或更换

6）使用气压表检查轮胎气压，参照车辆铭牌上的标准气压使 4 个车轮气压保持标准气压	7）检查备胎。检查备胎花纹磨损情况，检查钢圈变形情况，备胎气压应为 420kPa。检查完毕后应放置好并固定在备胎座中
8）检查驻车制动器。驻车制动器的作用是在停车后对车辆施加制动力并持续保持，保证在停车后车辆不会自行移动保持停止状态。主要检查方法为踩下制动踏板，拉起驻车制动器手柄，检查车轮部位是否有电动机转动声音、仪表板上驻车制动灯是否点亮	9）检查安全带。安全带作为保护人身安全的重要部件，在维修维护中的检查尤为重要，主要检查有安全带的损坏检查、惯性锁止检查、锁扣及指示灯检查等

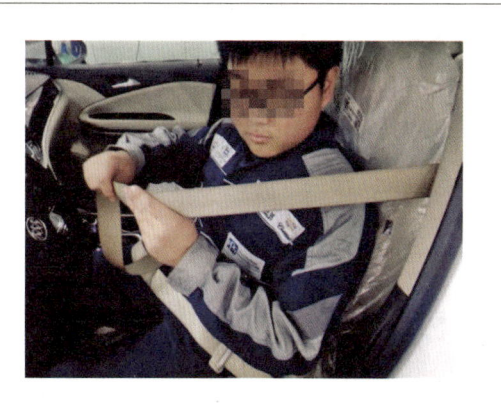

（续）

3. 车辆恢复及做 5S

1）举升机垫块归位
2）车外翼子板布、前格栅布拆除并叠好归位
3）车内三件套环保处理
4）抹布、手套回收或者环保处理
5）关闭发动机舱盖，升起车窗玻璃，拔下车辆钥匙，回收车轮挡块并归位
6）清洁车辆、地面

【总结及拓展训练】

> **小提示**
> 汽车维修是一项技术含量较高的工作，在维修工作开始前，要做好充足的准备，一方面可以提高维修效率，另一方面也能体现维修人员的专业素养。

通过本任务的学习，掌握维修工单的填写方法以及汽车维修前车辆防护方法。本任务与汽车运用与维修职业技能等级证书标准中的 1-2【汽车转向悬架与制动安全系统技术-模块】职业技能要求相对应，学生要勤加练习，为以后考取相应等级的职业技能等级证书打下基础。

任务四　维修车辆的安全检查

【任务目标】

1. 了解汽车安全系统作用及类型。
2. 能够通过仪表故障灯初判车辆故障位置。
3. 能够使用汽车诊断仪读取故障码。

【任务描述】

客户王先生的别克威朗汽车的仪表板上多个故障灯常亮，服务顾问在询问和检查后将车辆交给维修技师，维修技师根据《维修手册》要求对该车安全系统进行检查。下面讲述汽车安全系统的相关知识及如何使用汽车诊断仪读取故障码。

【知识储备】

一、汽车安全系统作用及类型

随着汽车保有量的增加，人们对汽车安全的重视程度越来越高。汽车安全系统主要分为主动安全系统和被动安全系统。

1. 主动安全系统

为预防发生交通事故，避免人员受到伤害而采取的安全设计，称为主动安全设计，如 ABS、EBD、TCS 等都是主动安全设计。它们的特点是提高汽车的行驶稳定性，尽力防止交通事故发生。其他如高位制动灯、前后雾灯、后窗除雾灯等也是主动安全设计。

（1）防抱死制动系统（ABS） 防抱死制动系统通过传感器检测到的各车轮的转速，由计算机计算出当时的车轮滑移率，由此了解车轮是否抱死，再命令执行机构调整制动压力，使车轮处于理想的制动状态。

ABS 能在紧急制动状况下，保持车辆车轮不被抱死而失控，维持转向能力，避开障碍物。在一般状况下，ABS 并不能缩短制动距离。

（2）电子制动力分配系统（EBD） 电子制动力分配系统一般配合 ABS 使用，在汽车制动的瞬间，分别对 4 个轮胎附着的不同地面进行感应、计算，得出摩擦力数值，根据各车轮摩擦力数值的不同分配相应的制动力，避免因各车轮制动力不同而导致的打滑、倾斜和侧翻等危险情况。

（3）牵引力控制系统（TCS） 汽车在光滑路面制动时，车轮会打滑，甚至使方向失控。同样，汽车在起步或急加速时，驱动轮也有可能打滑，在冰雪等光滑路面上还会使方向失控而出现危险。TCS 就是针对此问题而设计的。它依靠电子传感器探测到从动轮速度低于驱动轮时（这是打滑的特征），就会发出一个信号，调节点火时间、减小节气门开度、降档或制动车轮，从而使车轮不再打滑。TCS 可以提高汽车行驶稳定性，避免发生加速过度与甩尾失控的危险。

（4）车身稳定控制系统（ESP） 车身稳定控制系统实际上也是一种牵引力控制系统，与其他牵引力控制系统比较，ESP 不但控制驱动轮，而且控制从动轮。它通过主动干预危险信号来实现车辆平稳行驶，如后轮驱动汽车常出现转向过多的情况，此时后轮可能因失控而甩尾，ESP 便会放慢外侧的前轮来稳定车身；在转向过少时，为了校正循迹方向，ESP 则会放慢内后轮，从而校正行驶方向。

（5）紧急制动辅助系统（EBA） 计算机根据制动踏板上检测到的制动动作，来判断驾驶人对此次制动的意图，若属于紧急制动，则会指示制动系统产生更高的油压使 ABS 发挥作用，从而使制动力更快速地产生，缩短制动距离。

2. 被动安全系统

为避免或减轻人员在交通事故中受到的伤害而采取的安全设计称为被动安全设计，如安全带、安全气囊、车身的前后吸能区、车门防撞钢梁都属被动安全设计。它们都是在交通事故发生后才起作用的。

（1）安全带 安全带能固定乘员身体以避免因车辆碰撞而造成人员重大伤亡，主要有两点式和三点式两种。两点式只固定乘员的腰部，不能固定上半身，一般不用在前座；三点式在两点式的基础上加一根斜跨到肩部固定上半身的带子，固定带子的固定点有三处，它可固定乘员的上半身，提高了安全性。目前，汽车上用得最多是三点预紧式安全带，当汽车发生碰撞时，乘员快速向前移动时它会拉紧织带，立即将乘员紧紧地绑在座椅上，然后锁止织带防止乘员身体继续前倾，能有效保护乘员的安全。它除了有普通安全带卷收器的收放织带功能外，还有控制装置和预拉紧装置，它们的功能是当车速发生急剧变化时，能够在0.1s左右加强对乘员的约束力，将乘员固定在座位上，最大限度地降低伤害。

（2）安全气囊（SRS） 当车辆前端发生强烈碰撞时，安全气囊就会瞬间从转向盘内弹出来，垫在转向盘与驾驶人之间，防止驾驶人的头部和胸部撞击到转向盘或仪表板等硬物上。按照保护对象分类，安全气囊可分为前气囊、乘客气囊、前座位侧气囊、后座位侧气囊、气帘、膝部气囊等。安全气囊的启动是需要一定条件的，并不是所有的碰撞安全气囊都会启动。

安全气囊启动条件：

1）撞击速度及对象。汽车行业一般采用20km/h（理论值）以内车速撞击不可变形及不可移动的物体时，安全气囊不展开的设定，而20km/h（理论值）以上车速撞击时展开。各个车企设定速度值不同，会存在一定差距，目前数据较多集中在30km/h，这并不是常规车速，而是车辆与刚性物体的碰撞速度。

2）撞击角度。理论上来说撞击的角度也有要求，安全气囊打开需要合适的碰撞角度、速度，角度为车辆在正前方大约60°的位置。一般来说安全气囊需要50km/h左右甚至更高的撞击速度，以及60°夹角内的碰撞才有可能弹出。而安全气囊不启动的条件除了上面提及的速度及角度外，还有一些特定情况也是不会启动的。

安全气囊不启动的条件：

① 安全气囊发生故障。

② 撞入货车等有空隙的物体内部存在不开启可能。

③ 撞击非刚性物体存在不开启可能。

④ 被后车追尾存在不开启可能。

⑤ 没有触及启动触点不能启动。

⑥ 车辆翻滚存在气囊不启动的可能。

⑦ 点火开关熄火状态不启动气囊。

安全气囊工作过程：传感器检测到撞击的强烈程度并传递出信号，气体发生器根据信号指示产生点火动作，点燃固态燃料并产生气体（多为氮气）向气囊充气，使气囊迅速膨胀，当膨胀起来后气囊又立即泄气，防止乘员在撞上它以后反弹回来造成二次伤害。但必须说明的是，安全气囊的爆出具有很短的时间性，一般来说，是遇到较为剧烈的撞击才会弹出，且不可收回。安全气囊的防护性从现实角度上来说远不及安全带，而且在没有使用安全带的情况下，一旦发生事故，安全气囊一般也于事无补。所以，安全气囊要在安全带的配合下使用才能发挥其作用。

（3）侧门防撞钢梁 当汽车受到侧面撞击时，车门很容易受到冲击而变形，直接伤害到车内乘员。为了提高汽车的安全性能，就在汽车两侧门夹层中间放置一两根非常坚固的钢梁，它的作用是当侧门受到撞击时，坚固的防撞杆能大大减轻侧门的变形程度，从而减少撞击时对车内乘员的伤害。

二、故障灯的识别

大众 POLO 汽车仪表故障灯如图 1-40 所示。

1. 安全气囊故障（编号 39）

正常情况下，汽车起动或者自检环节 6~8s 安全气囊工作就绪，若汽车行驶时该故障灯忽然亮起或自检常亮不灭，则意味着安全气囊故障无法正常工作。

1) 雾灯（前）	11) 发动机预热（柴油机）	21) 轮胎气压低
2) 动力转向警告灯	12) 结霜警告	22) 日行灯开启
3) 雾灯（后）	13) 点火开关警告	23) 汽车某处灯光故障
4) 玻璃水液位低	14) 钥匙不在车上	24) 制动灯故障
5) 制动片警告	15) 钥匙扣电池电量低	25) 柴油机微粒过滤器故障
6) 巡航控制	16) 距离警告	26) 拖车牵引挂钩未锁止到位
7) 转向灯指示	17) 未踩下离合器踏板	27) 悬架故障
8) 雨量/光线传感器故障	18) 未踩下制动踏板	28) 偏离车道警告
9) 雪地模式	19) 转向锁警告	29) 催化转换器故障
10) 信息指示器	20) 远光灯开启	30) 安全带未系上
31) 电子驻车制动器未锁止到位	41) 燃油滤清器含有水分	51) 车门开启状态	61) 雨量传感器
32) 蓄电池电量不足	42) 安全气囊停用	52) 发动机舱盖开启状态	62) 发动机排放警告
33) 停车辅助	43) 维护时期已到	53) 燃油油量不够	63) 后窗加热
34) 需要进行维护	44) 近光灯开启	54) 自动变速器故障	64) 自动刮水器
35) 自适应前照灯	45) 空气滤芯脏污	55) 限速模式	
36) 前照灯范围控制	46) 经济模式指示灯	56) 悬架/减振器故障	
37) 后扰流板故障	47) 下坡辅助功能开启	57) 机油压力过低	
38) 可调节车顶故障	48) 温度过高警告	58) 前风窗玻璃加热	
39) 安全气囊故障	49) ABS故障	59) 行李舱打开状态	
40) 驻车制动器锁止未到位	50) 燃油滤清器故障	60) 关闭车身稳定控制系统	

图 1-40 大众 POLO 汽车仪表故障灯

2. 动力转向警告灯（编号 2）

该故障灯亮起，则意味着转向系统有问题，需要进行故障排查。

3. 悬架故障（编号 27）

该故障灯亮起，则意味着转向系统有问题，需要进行故障排查。

4. ABS 故障（编号 49）

该故障灯亮起，则意味着制动系统有问题，需要进行故障排查。

【任务实施】

一、工具设备准备

准备好实训车辆别克威朗、博世 KT720 解码器、抹布、手套、车内三件套、车轮挡块、工具车、废气抽排装置、分类垃圾桶等。

二、任务操作过程

1. 前期准备

1）安装车轮挡块。车轮挡块安装在非驱动轮，安装要贴紧车轮

2）安装废气抽排装置

3）安装车内三件套。车内三件套包括转向盘套、座椅套、地板垫

（续）

2. 诊断仪的使用

1）连接诊断仪。选择 OBD Ⅱ 的诊断插头连接数据线，一端连接诊断仪主机，一端连接车辆

2）故障码的读取及清除
① 步骤：选择汽车诊断→上汽通用 GM → 2017 →别克→威朗→发动机控制模块→ 1.5L L3G →自动→读取故障码→ DTC 显示屏
② 维修人员根据故障码的提示进行维修，维修人员维修之后清除故障码

3. 车辆恢复及 5S

1）车内三件套环保处理
2）抹布、手套回收处理
3）升起车窗玻璃，拔下车辆钥匙，关门，锁门，回收车轮挡块并归位
4）工具清洁归位
5）清洁车辆、地面

【总结及拓展训练】

> **小提示**
> 汽车安全系统的重要性不言而喻，汽车安全技术涉及的范围越来越广、越来越细，并朝着集成化、智能化、系统化、全员化的方向发展，同学们在今后维修汽车安全系统时，一定要认真、严谨并反复测试，确保高质量完成汽车安全系统的维修。

通过本任务的学习，学生了解汽车安全系统作用及类型，能够通过仪表故障灯初判车辆故障位置。本任务与汽车运用与维修职业技能等级证书标准中的 1-2【汽车转向悬架与制动安全系统技术 - 模块】职业技能要求相对应，学生要勤加练习，为以后考取相应等级的职业技能等级证书打下基础。请根据已学知识，练习使用通用汽车诊断仪（图 1-41）读取汽车运行过程中的故障码。

图 1-41 通用汽车诊断仪

练 一 练

一、填空题

1. 人员防护包括_____、_____、_____、_____。
2. 举升机按照功能和形状分为_____、_____、_____和_____。
3. 维护中常用的量有_____、_____和_____。
4. 常用扳手有_____、_____、_____、_____、_____。
5. 维护中常用的量具有_____、_____、_____、_____和_____。
6. 外径千分尺的精度是_____mm。
7. 百分表的精度是_____mm。
8. 游标卡尺其精度分_____mm、_____mm、_____mm 三种。

二、选择题

1. 下列扳手优先选用（   ）。
   A. 梅花扳手   B. 呆扳手   C. 套筒扳手   D. 活扳手
2. 下列哪种扳手可将螺栓紧固到规定扭矩？（   ）
   A. 梅花扳手   B. 呆扳手
   C. 扭力扳手   D. 活扳手
3. 测量气缸外径最好用下列哪种工具？（   ）
   A. 百分表   B. 游标卡尺
   C. 外径千分尺   D. 量缸表
4. 车轮定位使用哪种举升机？（   ）
   A. 两柱式举升机   B. 四柱式举升机
   C. 小剪举升机   D. 子母剪式举升机

三、简答题

1. 简述车辆防护有哪些内容。

2. 读出下列各量具的读数。

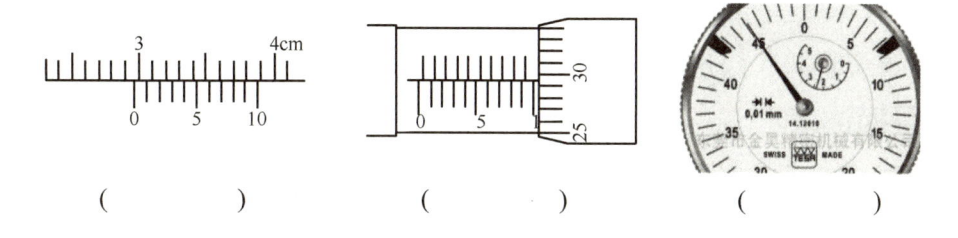

(   )   (   )   (   )

3. 简述小剪举升机举升车辆的具体操作步骤。

4. 简述举升机的操作流程。

项目二　汽车传动系统检查与维护

【项目描述】

本项目介绍汽车传动系统的基本知识：主要包括离合器的检查与维护，手动变速器的检查与维护，自动变速器的检查与维护，万向传动装置的检查与维护。通过本项目的学习，学生可以对汽车传动系统有简单认识，掌握离合器、手动变速器、自动变速器、万向传动装置等的基本操作，为本课程的学习打好基础。

任务一　离合器的检查与维护

【任务目标】

1. 了解离合器的作用、组成及工作原理。
2. 熟练掌握离合器自由行程的测量方法。
3. 熟练掌握离合器各管路的检测方法。
4. 熟练掌握从动盘和压盘的更换方法。

【任务描述】

客户王先生的雪佛兰科鲁兹汽车行驶无力，尤其是上坡时最为明显。王先生开车来到雪佛兰4S店，服务顾问在询问和检查后将车辆交给维修技师，维修技师经过检查判断故障是由于离合器打滑导致，维修技师决定对该车辆进行离合器从动盘以及压盘的更换，下面将学习离合器的相关知识并按流程进行从动盘和压盘的更换。

项目二 汽车传动系统检查与维护

【知识储备】

一、离合器的作用

1）保证汽车起步时发动机与传动系统接合柔和，传递转矩，以保证起步平稳。

2）换档时，使发动机与传动系统可以迅速、彻底地分离，保证换档平顺。

3）汽车紧急制动时，利用离合器的主动打滑，防止传动系统过载。

二、离合器的组成

离合器主要由飞轮（即发动机的飞轮）、压盘与后盖总成、从动盘和操纵机构等组成。

1. 飞轮

飞轮用螺栓与发动机曲轴固定在一起，离合器盖通过螺栓固定在飞轮后端面上，飞轮位置如图 2-1 所示。

2. 压盘与后盖总成

离合器压盘与后盖总成的作用是压紧或放松离合器从动盘，压紧即离合器接合，传递动力；放松即离合器分离，中断动力的传递，离合器压盘与后盖总成如图 2-2 所示。

图 2-1 飞轮位置

图 2-2 离合器压盘与后盖总成

3. 从动盘

从动盘主要由双面摩擦衬片、减振弹簧和从动盘毂等组成，从动盘的作用是将动力传递到变速器的输入轴，离合器从动盘如图 2-3 所示。

4. 操纵机构

离合器操纵机构主要由踏板、推杆、主缸、工作缸、储液罐（多与制动液共用）、拨叉和分离轴承等组成，如图 2-4 所示。

图 2-3　离合器从动盘

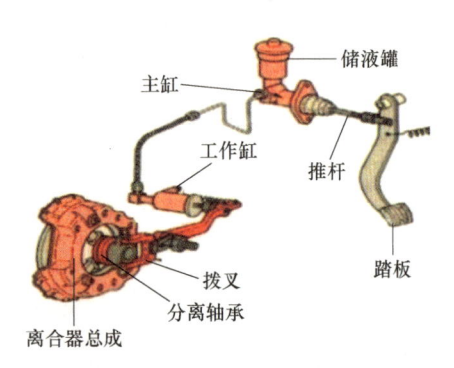

图 2-4　离合器操纵机构

（1）主缸结构　主缸主要由活塞、橡胶碗、回位弹簧、缸体及推杆组成。

（2）工作缸结构　工作缸主要由缸体、回位弹簧、活塞、橡胶碗及推杆等组成，与主缸不同的是，工作缸上有放气螺钉，供离合器油排空气时使用。

（3）拨叉与分离轴承　拨叉一端与工作缸相连，另一端连接到分离轴承的后端，中间通过支点支撑在变速器壳体上。

三、离合器的工作原理

1. 接合状态

驾驶人未踩离合器踏板时，离合器压盘的杠杆与分离轴承之间保持有一定的间隙，膜片弹簧将飞轮、从动盘和压盘三者压紧在一起，发动机的转矩经过飞轮及压盘通过从动盘两摩擦面的摩擦作用传给从动盘，再由变速器输入轴传到变速器，离合器接合状态如图 2-5 所示。

2. 分离过程

当驾驶人踩下离合器踏板时，挺杆推动主缸活塞移动，油液压力升高，工作缸活塞油液增多，推动拨叉和分离轴承，先消除分离轴承与压盘膜片弹簧之间的间隙，然后推动膜片弹簧内端，使膜片弹簧带动压盘弹开，此时从动盘与飞轮处于分离状态，摩

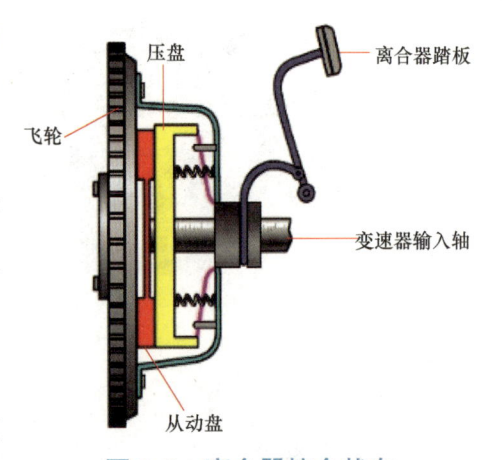

图 2-5　离合器接合状态

擦作用消失，动力传递中断。

3. 接合过程

当换档完成，驾驶人缓慢抬起离合器踏板时，踏板在回位弹簧的作用下回位，主缸活塞回位，油液压力下降，工作缸中的活塞回位。此时在膜片弹簧的作用下，压盘移动并逐渐压紧从动盘，使接触面间的压力逐渐增加，摩擦力矩也逐渐增加。当飞轮、压盘和从动盘之间接合还不紧密时，所能传递的摩擦力矩较小，离合器的主、从动部分有转速差，离合器处于打滑状态。如果离合器踏板继续抬起，飞轮、压盘和从动盘之间的接合逐渐紧密，主、从动部分的转速也渐趋相等，直到离合器完全接合而停止打滑，接合过程结束。

四、离合器的自由间隙和自由行程

当离合器处于接合状态时，分离杠杆内端与分离轴承之间预留的间隙，称为离合器的自由间隙。离合器踏板所对应的行程量称为自由行程。

【任务实施】

一、工具设备准备

雪佛兰科鲁兹实训车辆、世达120件套装工具、钢直尺、扭力扳手、从动盘、压盘和分类垃圾桶等。

二、任务操作过程

1. 前期准备	
1）打开车门，安装车内三件套	2）打开发动机舱盖，安装车外三件套

（续）

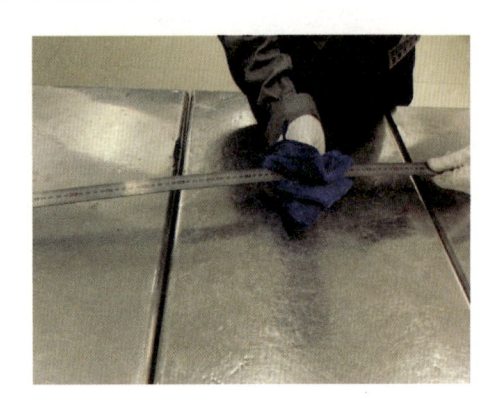 3）准备好钢直尺	 4）检查制动液储液罐至离合器主缸管路及接口是否有泄漏

2. 检查离合器自由行程

1）将钢直尺垂直靠在离合器踏板旁，记录踏板最高位置	2）用手指轻轻按压离合器踏板，当感到明显阻力时停止按压，记录此时离合器踏板高度，此数值与踏板最高位置的差值就是自由行程的数值，一般在10mm左右

3. 更换离合器从动盘及离合器压盘

1）按对角线顺序拆卸离合器固定螺母后取下旧的离合器从动盘及压盘	2）使用专用工具安装新的离合器从动盘

（续）

3）安装新的离合器压盘	4）以对角线顺序安装离合器固定螺母并紧固，紧固力矩为28N·m

4. 车辆恢复及5S

1）车内三件套环保处理
2）抹布、手套回收处理
3）关闭发动机舱盖，拆除排烟套
4）拔下车辆钥匙
5）旧离合器从动盘及压盘环保处理
6）扭力扳手归零、工具清洁归位
7）清洁车辆、地面

【总结及拓展训练】

通过本任务的学习，了解离合器的作用、组成及工作原理，掌握离合器自由行程的测量方法、离合器各管路的检测方法以及从动盘和压盘的更换方法。本任务与汽车运用与维修职业技能等级证书标准中的1-1【汽车动力与驱动系统综合分析技术-模块】传动系统离合器检查保养职业技能要求相对应，学生要勤加练习，为以后考取相应等级的职业技能等级证书打下基础。现在有一辆别克威朗汽车需要更换离合器，请根据已学知识并结合该车辆具体情况，进行离合器的更换。

> **小提示**
> 同学们在进行底盘零部件拆装时，一定要有专业的态度，不能随意放置拆卸的零部件或不按流程装配零部件，这样可能致使相关系统无法恢复其功能。

任务二　手动变速器的检查与维护

【任务目标】

1. 了解手动变速器的作用、组成及工作原理。
2. 熟练掌握手动变速器油的更换方法。
3. 熟练掌握手动变速器的拆装方法。

【任务描述】

客户王先生的别克威朗汽车已经行驶了 80000km，王先生开车来到别克 4S 店，服务顾问在询问和检查后将车辆交给维修技师，维修技师根据工单要求对该车进行 80000km 维护，其中《维修手册》要求进行手动变速器油的更换。同时，王先生反映变速杆换档不顺畅，经过检查后，维修技师决定进行变速杆的更换。下面讲述手动变速器的相关知识和手动变速器油及变速杆的更换流程。

【知识储备】

一、手动变速器的作用

1. 改变传动比

改变传动比能扩大驱动轮转矩和转速的变化范围，以适应经常变化的行驶条件，同时使发动机在有利的工况下工作。

2. 实现汽车倒向行驶

发动机的旋转方向从前往后看为顺时针方向，而且是不能改变的，为了实现汽车的倒向行驶，变速器中设置了倒档。

3. 中断动力传递

在发动机起动和怠速运转、变速器换档、汽车滑行和暂时停车等情况下，都需要中断发动机的动力传动，因此变速器中设有空档。

通常将发动机与变速器的组合称为汽车的动力总成。因传统发动机转速范围不够大，可用转速范围更小，所以需要在合理转速区域内实现较大范围的行车速度，这就要靠变速器实现。

二、变速器的分类

变速器按操控方式不同可分为手动档变速器和自动档变速器，如图 2-6 所示。
变速器按传动方式不同可分为有级变速器和无级变速器。

三、变速器的结构组成

手动变速器操纵机构由变速杆、换档拉索和换档控制装置等组成，如图 2-7 所示。

图 2-6 手动档变速器和自动档变速器

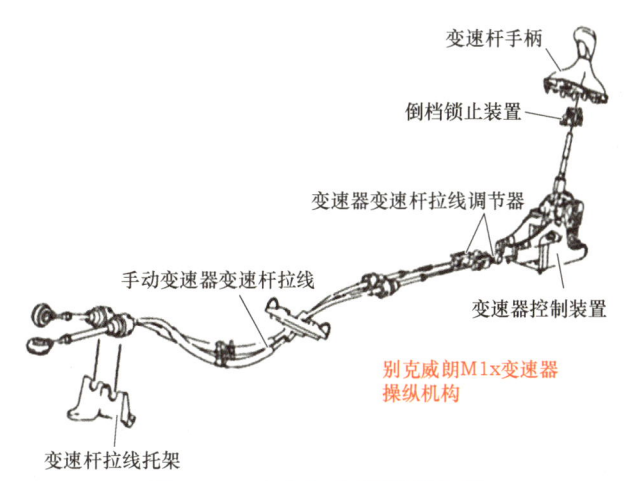

图 2-7 手动变速器操纵机构

变速器主体结构由输入轴、齿轮、同步器和输出轴等组成，如图 2-8 所示。

图 2-8 变速器主体结构

四、变速器的基本工作原理

变速器的基本工作原理如图 2-9 所示。变速器通过小齿轮带动大齿轮来实现减速增扭，通过大齿轮带动小齿轮来实现增速，通过增加一个齿轮进行啮合来改变输出旋转方向。

五、变速器的换档原理

绿色、红色的齿轮与轴铸造成一体共同旋转。蓝色齿轮在相应的轴上空转，如果想将动力向后传递，必须借助于紫色同步器将齿轮与轴连接，而同步器的位置是由驾驶人通过操纵变速杆控制换档拨叉来实现的，变速器的换档原理如图 2-10 所示。

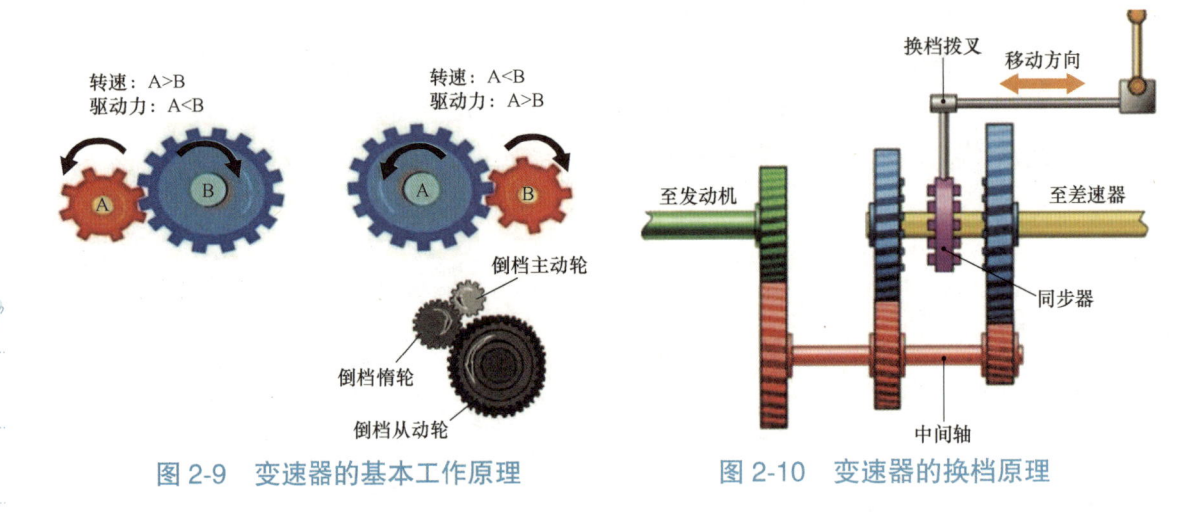

图 2-9 变速器的基本工作原理

图 2-10 变速器的换档原理

同步器主要由结合套、花键毂、同步锁环和滑块等组成，如图 2-11 所示。

图 2-11 同步器的结构

花键毂的内花键与传动轴花键相连，外花键与接合套相连。接合套可以在一定范围内轴向移动。需要接合某一档位时，结合套将花键毂、待啮合齿圈以及传动轴锁在一起传递动力，需要中断动力时，接合套移开，同步器的工作原理如图 2-12 所示。

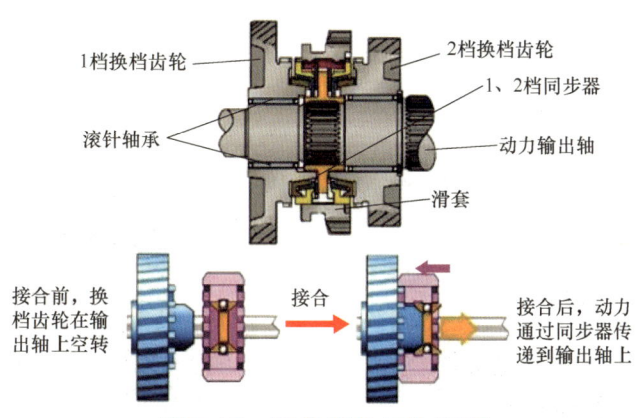

图 2-12　同步器的工作原理

六、手动变速器油的作用

手动变速器油也称为齿轮油，具有润滑、清洗、防锈、散热和排档等作用。汽车在行驶过程中齿轮高速运转、摩擦产生热量，齿轮油可以很好地实现润滑以及降低温度，保证车辆的正常运行。

七、齿轮油的常见型号及含义

四季通用齿轮油 75W-90 的含义：75 为低温黏度（只是代码，与机油标号类似）；W 为冬季用油；90 为高温黏度。

齿轮油因为黏度关系，不可与机油混用。因功能关系，不可与自动变速器油混用。W 表示低温型（冬用），W 前面的数字表示低温黏度，数字越小，黏度越小，低温性能越好。W 后面的数字表示高温黏度，数字越大，黏度越大，高温性能越好。也就是说，75W-90 和 80W-90 有同等的高温性能，而 75W-90 的低温黏度小，流动性更好，低温性能更强。75W 适用温度可达 –45℃，80W 适用温度不低于 –35℃，明显 75W-90 要更好，更适用于冬天气温比较低的地区。

GL-4、GL-5 是按美国石油学会（API）车辆齿轮油使用性能分级的型号，GL-4 一般属于中等负荷齿轮油，GL-5 属于重负荷齿轮油。

【任务实施一】

一、工具设备准备

别克威朗实训车辆、世达 120 件套装工具、十字螺钉旋具、一字螺钉旋具、车内三件套、车外三件套、车轮挡块、工具车、废气抽排装置、齿轮油和分类垃圾桶等。

二、任务操作过程

1. 前期准备	
1）安装车内三件套，包括转向盘套、座椅套、地板垫	2）打开发动机舱盖，安装车外三件套，包括左右翼子板布，前格栅布
3）安装举升机垫块	4）举升车辆至适当高度

2. 排放手动变速器油	
1）清洁放油螺塞周边，拆下放油螺塞	2）将手动变速器油排入废油回收装置，注意：回收装置应具备容量刻度线

（续）

 3）排放手动变速器油10min，比较手动变速器油量和所需的液位	 4）安装新的放油螺塞并紧固至50N·m

3. 加注手动变速器油

1）操作举升机降下车辆	2）清洁加注螺塞周围区域 3）拆下并报废加注螺塞
 4）加注新的手动变速器油	 5）安装新的加注螺塞并紧固至30N·m

4. 车辆恢复及做好5S

1）车外翼子板布、前格栅布拆除并叠好归位
2）车内三件套环保处理
3）抹布、手套回收处理
4）关闭发动机舱盖，升起车窗玻璃，拔下车辆钥匙，回收车轮挡块、举升机垫块并归位
5）扭力扳手归零、工具清洁归位
6）清洁车辆、地面

【任务实施二】

一、工具设备准备

变速器拆装实训台、世达 120 件套装工具、抹布、手套和分类垃圾桶等。

二、任务操作过程

1. 手动变速器拆解	
 1）检查变速器外观是否有破损或漏油等	 2）拆卸安装离合器腔室内的固定螺母
 3）检查变速杆是否在空档位置	 4）拆卸变速杆自锁螺母
 5）拆卸侧面变速杆盖锁紧螺母	 6）利用铜棒或橡胶锤震开密封胶

（续）

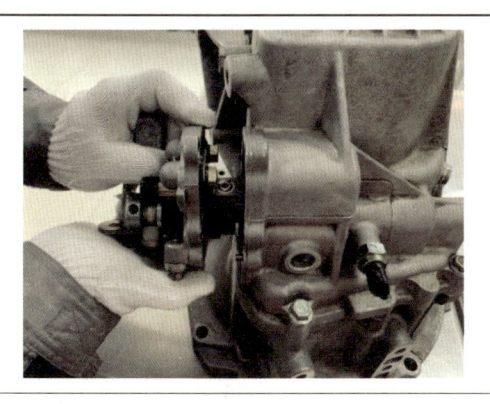 7）托住变速杆后轻轻拉出	 8）拆卸倒档传感器
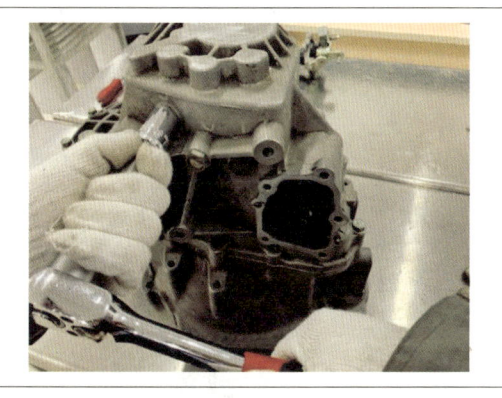 9）拆卸变速杆自锁螺母	 10）拆卸倒档轴固定螺母
 11）拆卸倒档轴固定螺母，拆卸其余变速器外壳固定螺母	 12）利用铜棒或橡胶锤震开外壳密封胶
 13）拉出外壳后拆卸倒档拨叉	 14）取出主从轴、拨叉、倒档齿轮与差速器

2. 拆卸后检查	
 1）检查变速杆自锁螺母	 2）检查所有自锁螺母及倒档拨叉自锁
 3）检查档位齿轮、同步器、拨叉等	 4）检查倒档传感器工作状态

3. 台架恢复及做好5S
1）按照拆卸的相反顺序，安装好变速器 2）扭力扳手归零、工具清洁归位 3）清洁台架、地面

（续）

【总结及拓展训练】

通过本任务的学习，了解手动变速器的作用、组成及工作原理，掌握手动变速器油的更换方法以及手动变速器的拆装方法。本任务与汽车运用与维修职业技能等级证书标准中的1-1【汽车动力与驱动系统综合分析技术-模块】手动变速系统检查保养职业技能要求相对应，学生要勤加练习，为以后考取相应等级的职业技能等级证书打下基础。现有一辆大众桑塔纳汽车需要更换手动变速器油，请根据已学知识并结合该车辆具体情况，进行手动变速器油的更换。

> **小提示**
> 手动变速器拆装难度较大，需要同学们具有耐心以及精益求精的工匠精神，反复实践练习，才能熟练掌握。

任务三　自动变速器的检查与维护

【任务目标】

1. 了解自动变速器的作用、组成及工作原理。
2. 熟练掌握自动变速器油的更换方法。

【任务描述】

客户王先生的别克威朗汽车已经行驶了 80000km，王先生开车来到别克 4S 店，服务顾问在询问和检查后将车辆交给维修技师，维修技师根据《维修手册》要求对该车进行 80000km 维护，并根据《维修手册》要求进行自动变速器油的更换。下面讲述自动变速器油的相关知识和自动变速器油的更换流程。

【知识储备】

一、自动变速器的基本组成和工作原理

自动变速器主要由液力变矩器、机械变速器、液压控制系统以及电子控制系统等构成。

1. 自动变速器的基本组成

（1）液力变矩器　液力变矩器是一个通过自动变速器油（ATF）传递动力的装置，如图 2-13 所示，其主要功用是在一定范围内自动、连续地改变转矩比，以适应不同行驶阻力。在发动机不熄火、自动变速器位于动力档（D 位或 R 位）的情况下，汽车可以处于停车状态。驾驶人可通过控制节气门开度控制液力变矩器的输出转矩，实现动力柔和传递。

（2）机械变速器　以常见的行星齿轮变速器为例，机械变速器由 2~3 排行星齿轮机构组成，不同的运动状态组合可得到 4~6 种速比，如图 2-14 所示，其功用主要是在液力变矩器的基础上再将转矩增大 2~4 倍，以提高汽车的行驶适应能力，同时实现倒档功能。

（3）液压控制系统　液压控制系统由油泵、各种控制阀及与之相连通的液压换档执行元件组成，它在电子控制单元（ECU）的控制下，根据驾驶人的要求和行驶条件的需要，通过控制各种电磁阀开关，实现对机械变速器的自动换档，液压控制系统如图 2-15 所示。

图 2-13 液力变矩器

图 2-14 机械变速器

图 2-15 液压控制系统

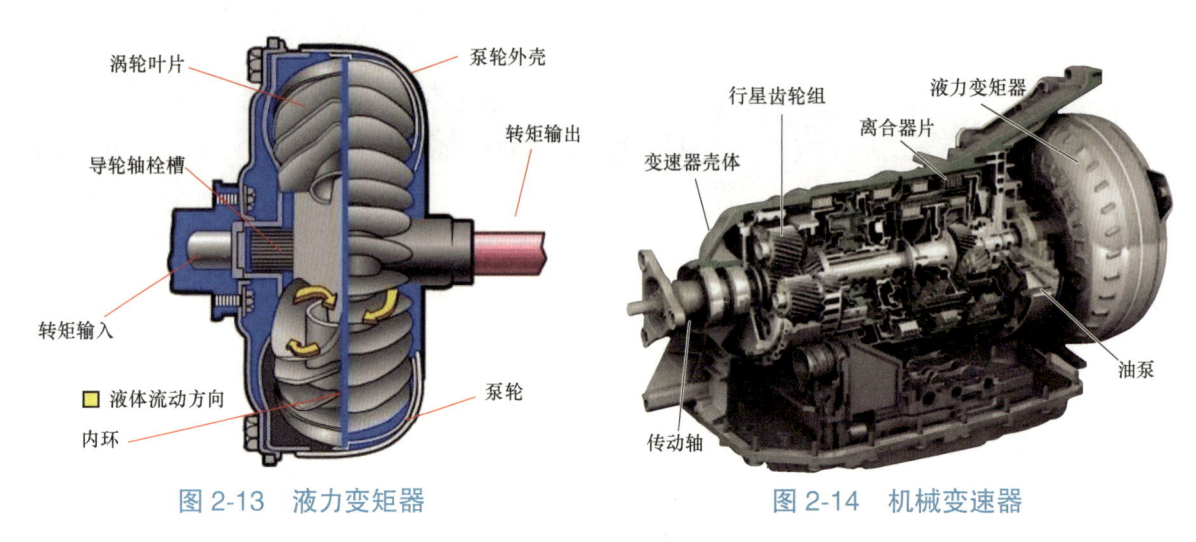

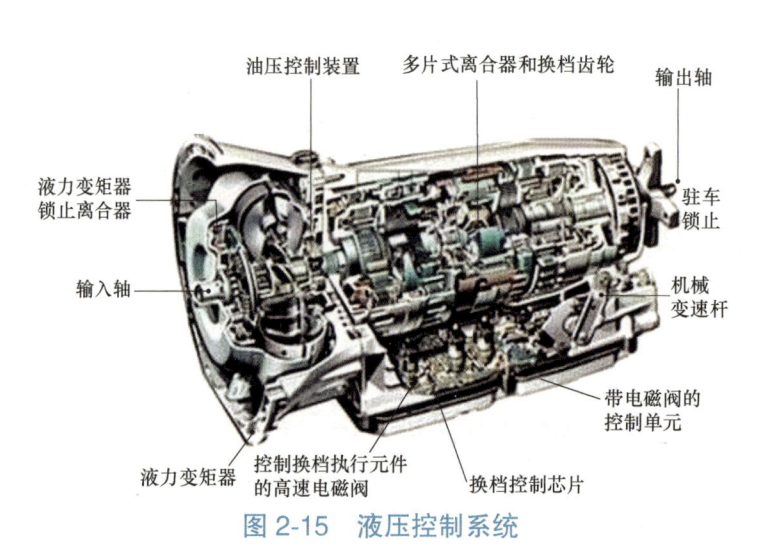

（4）电子控制系统　电子控制系统将自动变速器的各种控制信号输入电子控制单元（ECU），ECU 处理控制信号后发出控制指令控制液压系统中的各种电磁阀实现自动换档，并改善换档性能，电子控制系统如图 2-16 所示。

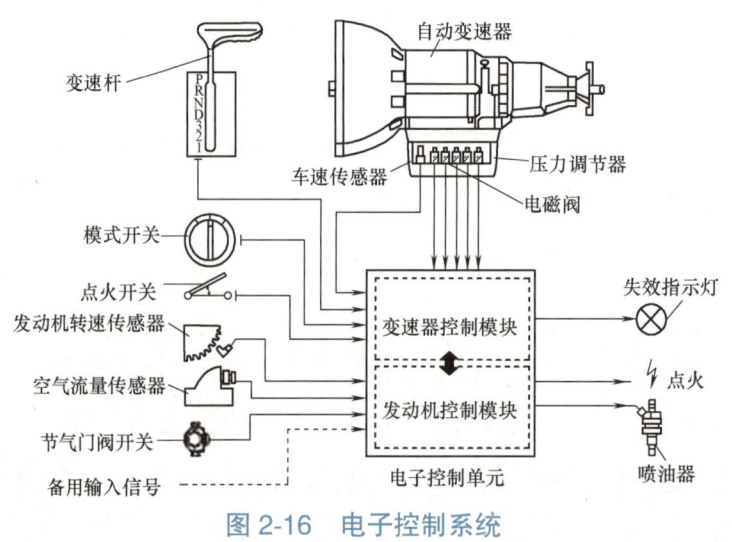

图 2-16 电子控制系统

（5）冷却过滤装置　自动变速器油（ATF）在自动变速器工作过程中会因冲击、摩擦产生热量，并且还要吸收齿轮传动过程中所产生的热量，油温将会升高，因此必须有冷却滤油装置对自动变速器油（ATF）进行冷却，同时滤除油液中的杂质、减小机械磨损、防止堵塞液压油路和控制阀卡滞。

2. 自动变速器的工作原理

电控自动变速器是通过各种传感器，将发动机的转速、节气门开度、车速、发动机冷却液温度以及自动变速器油温等参数信号输入 ECU，ECU 根据这些信号，按照设定的换档规律，向换档电磁阀和油压电磁阀等发出动作控制信号，换档电磁阀和油压电磁阀再将 ECU 的动作控制信号转变为液压控制信号，阀板中的各控制阀根据这些液压控制信号，控制换档执行元件动作，从而实现自动换档过程。

二、自动变速器油的作用

自动变速器油是一种多用途、多功能的润滑油，主要用于汽车自动变速系统。在自动变速器中有液力变矩器、齿轮变速机构和液压机构等零部件，这些零部件均用同一种油来润滑和传送能量，所以自动变速器油必须具有多种功能和性能。

在液力变矩器中，自动变速器油在泵轮、涡轮之间传递动能。在摩擦片表面，自动变速器油也作为热传导介质，控制摩擦件的表面温度和压紧力，以防止烧结。在齿轮机构中，自动变速器油又作为润滑介质，保护部件以减少磨损。

三、自动变速器油的类型

根据自动变速器结构的不同，主要有 AT、CVT、DCT 等几类自动变速器（别克威朗汽车上使用 AT）。它们使用的自动变速器油都是不同的，如图 2-17 所示。

图 2-17　自动变速器油

【任务实施】

一、工具设备准备

别克威朗实训车辆、世达 120 件套装工具、十字螺钉旋具、一字螺钉旋具、车内三件套、车外三件套、车轮挡块、工具车、汽车诊断仪、废气抽排装置、ATF 和分类垃圾桶等。

二、任务操作过程

1. 前期准备

1）安装车内三件套，包括转向盘套、座椅套、地板垫

2）打开发动机舱盖，安装车外三件套，包括左右翼子板布、前格栅布

3）安装举升机垫块

4）举升车辆至适当高度

2. 排放自动变速器油

1）拆下放油螺栓，将自动变速器油排入废油回收装置

2）检查收集的自动变速器油是否有杂质或其他金属颗粒物

（续）

3）安装放油螺栓并紧固至 12N·m

3. 加注自动变速器油	
1）操作举升机降下车辆	2）拆下自动变速器通风软管和加注口盖
3）查阅《维修手册》并加注适量的新自动变速器油	4）安装加注口盖和通风软管

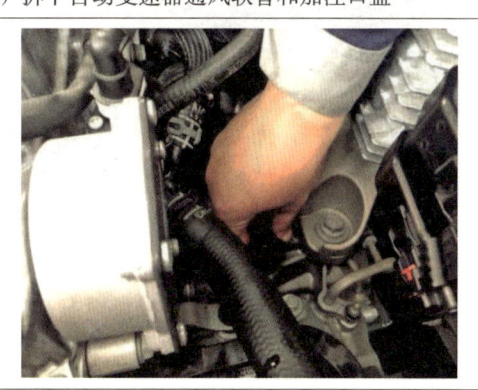

4. 油位的检查	
1）起动发动机，踩下制动踏板并将变速杆挂到每个档位各停顿 3s，然后挂回 P 位	2）急速运转发动机至少 3min，使油液泡沫消散、油位稳定，松开制动踏板

（续）

3）保持发动机运行

① 通过驾驶人信息中心或者汽车诊断仪观察自动变速器油温度

② 检查油位时，车辆水平停放，发动机必须处于运行状态且变速杆位于 P 位

4）举升车辆

① 在发动机怠速运行时，拆下油位螺塞，将自动变速器油排放至油液回收装置

② 如果油液稳定流出，则等待直至油液每秒滴出一次后紧固。如果没有油液流出，则加注油液直至油位孔塞中每秒滴出一次

5）降下车辆，拆下自动变速器通风软管和加注口盖

6）使车辆怠速运行，通过油加注口盖孔加注油液，直至油从油位孔塞中流出。等待直至油液仅从油位孔塞中每秒滴出一次

7）安装自动变速器加注口盖和通风软管

8）举升车辆，安装油位螺塞并紧固至 12N·m

（续）

9）降下车辆，使发动机熄火

5. 车辆恢复及做好 5S

1）车外翼子板布、前格栅布拆除并叠好归位
2）车内三件套环保处理
3）抹布、手套回收处理
4）关闭发动机舱盖，升起车窗玻璃，拔下车辆钥匙，回收车轮挡块、举升机垫块并归位
5）扭力扳手归零、工具清洁归位
6）清洁车辆、地面

【总结及拓展训练】

通过本任务的学习，了解自动变速器油的作用，掌握自动变速器油的更换方法。本任务与汽车运用与维修职业技能等级证书标准中的 1-1【汽车动力与驱动系统综合分析技术-模块】自动液压系统检查保养职业技能要求相对应，学生要勤加练习，为以后考取相应等级的职业技能等级证书打下基础。现在有一辆日产骐达汽车需要更换自动变速器油，请根据已学知识并结合该车辆具体情况，进行自动变速器油的更换。

> 小提示
> 换下来的自动变速器油属于有害垃圾中危害较大的垃圾，要用专门密闭的器皿盛放在指定地点，并由专业的企业回收处理。

任务四　万向传动装置的检查与维护

【任务目标】

1. 了解传动轴、万向节的作用和分类。
2. 熟练掌握传动轴、万向节的检查方法。

【任务描述】

客户王先生的别克威朗汽车已经行驶了 140000km，王先生开车来到别克 4S 店，服务顾问在询问和检查后将车辆交给维修技师，维修技师根据《维修手册》要求进行传动轴、万向节的检查。下面讲述传动轴、万向节的相关知识和传动轴、万向节的检查流程。

【知识储备】

一、传动轴、万向节的位置

主传动轴、万向节一般是指在前置后驱的轿车上，变速器输出至驱动桥的传动连接装置。

二、传动轴、万向节的作用

传动轴和万向节组成了万向传动装置的主体部分。

1. 传动轴

传动轴是万向传动装置中的主要传动部件，其作用是连接变速器和驱动桥，并能适应在车辆行驶过程中两者之间发生的位置变化。

2. 万向节

万向节用于连接不在一条直线上的两轴，并保证动力在它们之间可靠地传递，还可以适应两轴间夹角变化的需要。

三、传动轴、万向节的类型和结构

万向节按速度特性来分，可以分为不等速万向节和等速万向节。不等速即当主动叉等角速转动时，从动叉是不等角速转动的，但主、从动轴的平均转速是相等的，即主动轴转一圈，从动轴也转一圈。等速即当主动叉等角速转动时，从动叉是等角速转动的，同时主、从动轴的平均转速是相等的，即主动轴转一圈，从动轴也转一圈。

1. 不等速万向节

该类型的万向节的代表是十字轴式万向节，如图 2-18 所示，它是由十字轴、传动轴叉、轴承、卡环等组成。

2. 等速万向节

等速万向节一般在内外半轴上使用，典型的代表是球笼式万向节，如图 2-19 所示，它是由星形套、钢球、保持架和球形壳等组成。

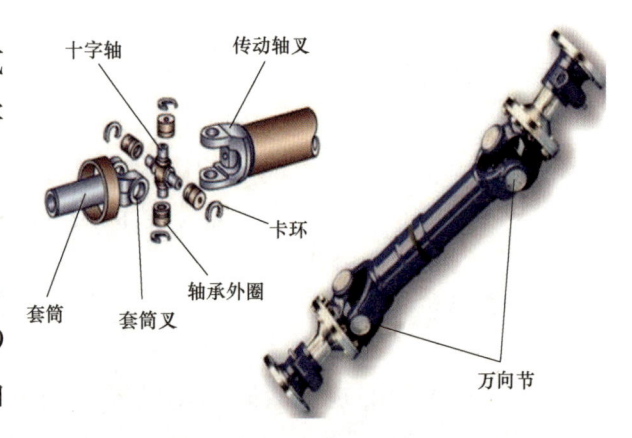

图 2-18 十字轴式万向节

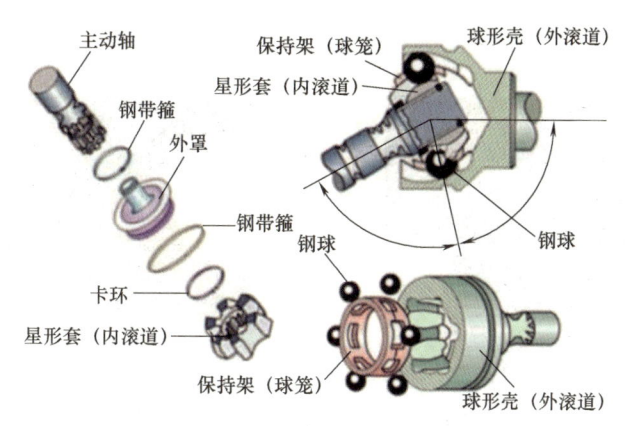

图 2-19 球笼式万向节

【任务实施】

一、工具设备准备

别克威朗实训车辆、世达 120 件套装工具、抹布、手套、工具车、分类垃圾桶和举升机垫块等。

二、任务操作过程

1. 前期准备	
1）安装举升机垫块	2）顶起车辆至合适高度

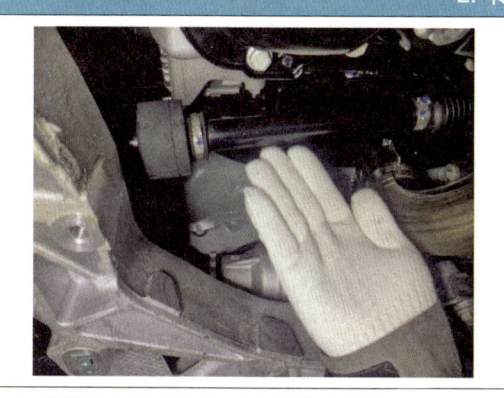

2. 传动轴的检查	
1）目视检查传动轴是否有凹陷或裂纹	2）检查右侧内外球笼

扫一扫

传动轴、万向节的检查维护

	（续）
3）检查左侧内外球笼	4）晃动各个万向节，查看是否存在间隙，间隙过大则需要更换

3. 车辆恢复及做好 5S

1）回收举升机垫块
2）抹布、手套回收处理
3）清洁车辆、地面

【总结及拓展训练】

通过本任务的学习，了解传动轴、万向节的作用和分类，掌握传动轴、万向节的检查方法。本任务与汽车运用与维修职业技能等级证书标准中的 1-1【汽车动力与驱动系统综合分析技术 - 模块】万向传动装置检查保养职业技能要求相对应，学生要勤加练习，为以后考取相应等级的职业技能等级证书打下基础。现有一辆雪佛兰科鲁兹汽车需要进行传动轴、万向节的检查，请根据已学知识并结合该车辆具体情况进行相关检查。

> 小提示
> 汽车维修场地应按照"5S现场管理法"进行管理，清洁有序的环境是保证汽车维修质量的重要条件。

练 一 练

一、填空题

1. 威朗汽车手动变速器排放螺栓紧固力矩为_____N·m。
2. 威朗汽车手动变速器油加注量为_____。
3. 根据结构的不同，自动变速器可分为_____、_____和_____。
4. 威朗汽车自动变速器排放螺栓紧固力矩为_____N·m。
5. 不等速万向节的代表是_____，等速万向节的代表是_____。
6. 自动变速器由_____、_____、_____、_____和_____组成。

二、简答题

1. 简述手动变速器油标号 75W-90 的含义。

2. 简述自动变速器加注新的油后,如何检查车辆。

3. 简述离合器的接合与分离。

项目三　汽车转向系统检查与维护

【项目描述】

本项目介绍汽车转向系统的基本知识，包括转向系统油液泄漏与机械结构的检查、动力转向系统油液的检查与更换、动力转向助力泵传动带的检查。通过本项目的学习，学生可以对汽车转向系统有简单认识，掌握转向系统油液泄漏与机械结构的检查、动力转向系统油液的检查与更换和动力转向助力泵传动带的检查等基本操作，为本课程的学习打好基础。

任务一　转向系统油液泄漏与机械结构的检查

【任务目标】

1. 了解转向系统的作用和类型。
2. 熟练掌握转向系统油液泄漏的检查方法。
3. 熟练掌握转向系统机械结构的检查方法。

【任务描述】

客户王先生的福特福克斯汽车在行驶时，出现转向盘操作困难的现象，当车速下降后甚至出现操作不动转向盘的情况。王先生开车来到福特4S店，服务顾问在询问和检查后将车辆交给维修技师，维修技师根据《维修手册》要求对该车转向系统进行检查。下面讲述转向系统的相关知识和如何按流程对转向系统油液是否泄漏以及机械结构是否老化进行检查。

项目三 汽车转向系统检查与维护

【知识储备】

一、转向系统的作用

汽车转向系统的作用是保证汽车能按驾驶人的意愿进行直线或转向行驶,它是用来改变或者恢复汽车行驶方向的专设机构的总称,如图 3-1 所示。

图 3-1 汽车转向系统

二、转向系统的类型

汽车转向系统按转向能源的不同分为机械转向系统和动力转向系统,如图 3-2 所示。机械转向系统是以驾驶人的体力为转向能源,其中所有的传力件都是机械零件。动力转向系统是依靠驾驶人的体力与其他动力配合作为转向能源的转向系统,分为液压动力转向系统和电动助力转向系统两类,两者在汽车上的应用较为广泛。

a)机械转向系统　　　　　　　b)动力转向系统

图 3-2 转向系统的类型

三、液压动力转向系统的结构

液压动力转向系统主要由储油罐、油泵、进油管、转向器总成和回油管等组成,如图 3-3 所示。

1. 储油罐

储油罐的作用是储存、冷却和过滤液压助力转向系统的工作油液,一般储油罐盖上有油标尺,便于检查油液的多少,如图 3-4 所示。

2. 油泵

油泵又称为转向液压泵,它是液压动力转向系统的动力来源,能够将发动机输

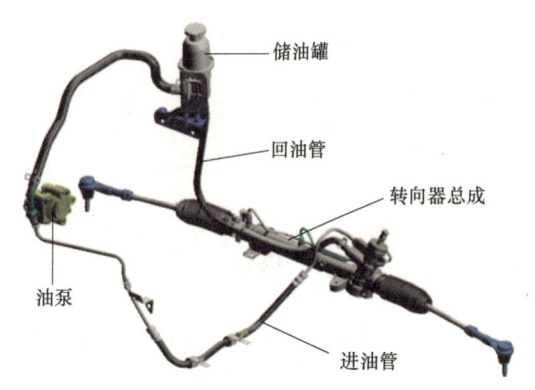

图 3-3 液压动力转向系统的组成

图 3-4 储油罐

入的机械能转换为液压能，再由转向动力缸输出受控制的转向力，驱动转向车轮转向。油泵可分为三种类型，分别是齿轮式、叶片式以及转子式，如图 3-5 所示。

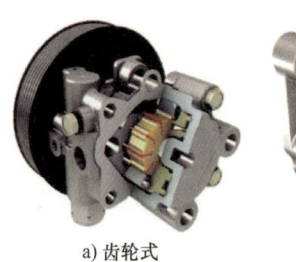

a) 齿轮式　　　b) 叶片式　　　c) 转子式

图 3-5 油泵的类型

3. 转向器总成

转向器总成是将转向盘的转动变为转向摇臂的摆动，并对转向操纵力进行放大的机构。转向器常用的有齿轮齿条式、蜗杆曲柄销式和循环球式，其中齿轮齿条式最为常见，如图 3-6 所示。

四、电动机械式助力转向系统

电动机械式助力转向系统（EPS）是在传统机械转向系统的基础上增加传感器装置、电子控制装置和转向助力机构等，它主要由转矩传感器、车速传感器、电动机、减速机构和电子控制单元（ECU）等组成，如图 3-7 所示。

图 3-6 齿轮齿条式转向器

图 3-7 电动机械式助力转向系统

1. 工作原理

转矩传感器测出驾驶人施加在转向盘上的输入转矩，车速传感器测出车辆当前的行驶速度，然后将这两个信号传递给电子控制单元，电子控制单元根据内置的控制策略，计算出理想的目标助力力矩，转化为电流指令传给电动机，电动机产生的助力力矩经减速机构放大，作用在电动机械式助力转向系统上和驾驶人的操纵力矩一起克服转向阻力矩，实现车辆的转向，如图 3-8 所示。

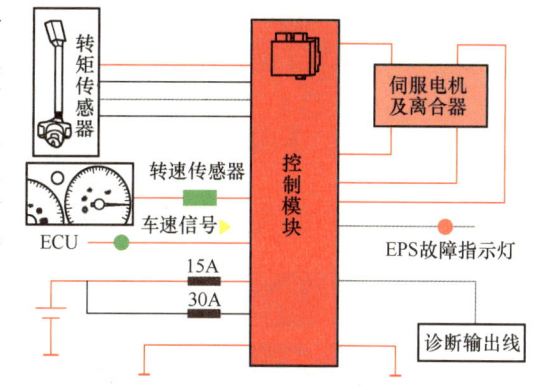

图 3-8 电动机械式助力转向系统工作原理

2. 优点

与传统的液压助力转向系统相比，电动助力转向系统具有以下优点。

（1）节约能源　该系统没有转向油泵，且电动机只是在需要转向时才接通电源，所以动力消耗和燃油消耗均可降到最低。

（2）减少污染　该系统使用电力作为动力源，消除了转向油泵的噪声污染，也不存在液压助力转向系统中液压油泄漏与更换造成的污染。

（3）增强了转向跟随性　在电动助力转向系统中，电动机与助力机构直接相连，可以使其能量直接用于车轮的转向。该系统利用惯性减振器的作用，使车轮的反转和转向前轮摆振减小，因此转向系统的抗干扰能力增强。和液压助力转向系统相比，该系统旋转力矩产生于电动机，没有液压助力系统的转向迟滞效应，增强了转向车轮对转向盘的跟随性能。

（4）改善了回正特性　由于采用了微电子技术，该系统利用软件控制电动机动作，可在最大限度内调整设计参数以获得最佳的回正特性。从最低车速到最高车速，可得到回正特性曲线，通过编程可实现电动机在不同车速及不同车况下的转矩特性，这些转矩特性使转向能力显著提高，提供了与车辆动态性能相匹配的转向回正特性，而传统的液压助力转向系统无法做到这一点。

（5）提高了操纵稳定性　当驾驶人转动转向盘，然后松开时，电动助力转向系统能够自动调整使车轮回正。而在传统的液压控制系统中，要改善这种特性必须改造底盘的机械结构，实现起来较为困难。

（6）系统结构简单、占用空间小、布置方便　相对于液压助力转向系统，电动助力转向系统没有油泵、油管和发动机上的带轮，使得设计该系统时有更大的余地，而且该系统的控制模块可以和齿轮齿条设计在一起或单独设计，发动机的空间利用率提高。

【任务实施】

一、工具设备准备

实训车辆、车内三件套、车外三件套、车轮挡块和举升机垫块等。

二、任务操作过程

1. 前期准备

1）安装车轮挡块

2）打开发动机舱盖，安装车外三件套

3）安装举升机垫块并举升车辆至合适高度

2. 动力转向泵系统检查

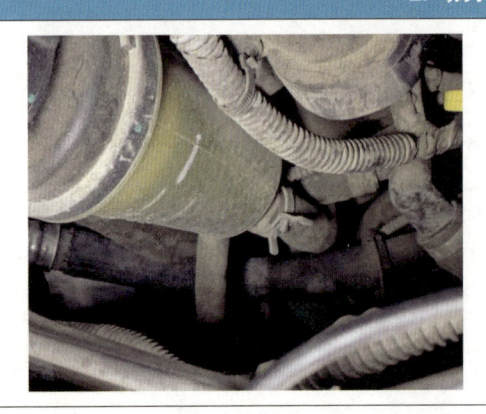

1）检查储液罐外壳是否破损或泄漏

2）检查储液罐连接处是否泄漏

（续）

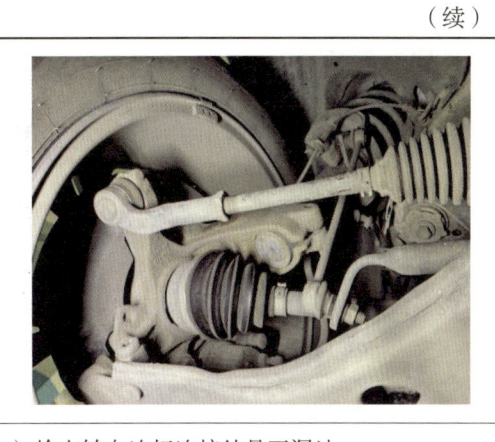

3）检查转向连杆防尘罩是否破损	4）检查转向连杆连接处是否漏油
5）检查液压管路和各连接点	
6）检查软管是否老化、开裂	
7）检查万向节	8）检查液压管路支撑柱

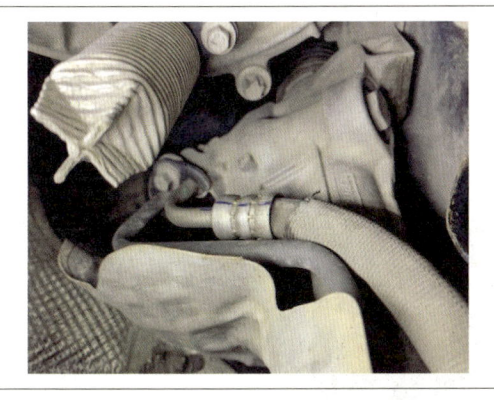

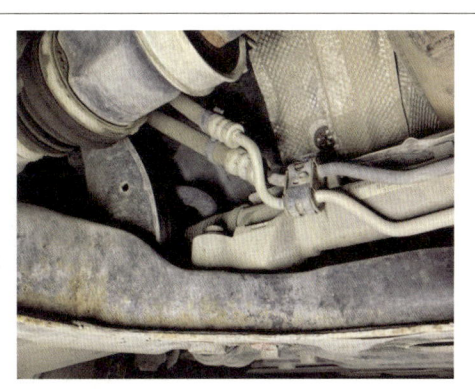

(续)

9）检查并紧固前束调整螺母

10）检查转向横拉杆球头

3. 车辆恢复及做好 5S

1）车外翼子板布、前格栅布拆除并叠好归位
2）车内三件套环保处理
3）抹布、手套回收处理
4）关闭发动机舱盖、升起车窗玻璃、拔下车辆钥匙、回收车轮挡块并归位
5）工具清洁归位
6）清洁车辆、地面

【总结及拓展训练】

> **小提示**
> 企业是员工的依靠，成本是企业的生命之源，同学们在以后的工作中，在保证维修质量的前提下，要注重节约，这也是爱岗敬业的体现。

通过本任务的学习，了解转向系统的作用和类型，掌握转向系统油液泄漏的检查方法以及转向系统机械结构的检查方法。本任务与汽车运用与维修职业技能等级证书标准中的 1-2【汽车转向悬架与制动安全系统技术 - 模块】动力液压系统检查保养和转向机械部件检查职业技能要求相对应，学生要勤加练习，为以后考取相应等级的职业技能等级证书打下基础。现有一辆雪佛兰科鲁兹汽车的动力转向泵连接处软管漏油，请根据已学知识并结合该车辆具体情况，进行转向系统油液泄漏的检查与机械结构的检查。

任务二　动力转向系统油液的检查与更换

【任务目标】

1. 了解动力转向油的作用及类型。
2. 掌握动力转向油的检查与更换方法。

【任务描述】

客户王先生的汽车在行驶时，出现转向盘操作困难的现象。王先生开车来到汽车 4S 店，服务顾问在询问和检查后将车辆交给维修技师，维修技师根据《维修手册》要求对该车转向系统进行检查。下面讲述动力转向油液的相关知识和动力转向系统油位的检查与油液的更换流程。

【知识储备】

一、动力转向油的定义及作用

助力转向是增加驾驶人操控舒适性的技术，它可以在驾驶人进行转向时自动提供转向助力，从而减轻驾驶人的转向强度，而动力转向油就是加注在助力转向系统里面的一种介质油，起到传递转向力和缓冲的作用。通过液压作用，可以使转向盘变得非常轻巧，动力转向油与自动变速器油、制动油类似，如图 3-9 所示。

二、动力转向油的更换周期

更换动力转向油的时间其实没有明确的规定，需要根据道路交通状况、气候变化情况以及日常的驾驶习惯综合考虑，一般情况下为 2 年或 4 万 km 更换一次。也可以通过油液颜色情况来确定是否更换，正常的动力转向油是透明的，如果颜色变浑浊发黑的话，就需要进行油液更换。正常情况下，储油罐是透明的，上面通常有最小和最大刻度标记，正常油液位应位于最大刻度与最小刻度之间（图 3-10），如果发现油液位低于最小刻度就需要添加厂商推荐的转向油。

> **注意**
>
> 更换动力转向油的注意事项：
> 1）要选用知名厂家的正规油品，劣质油品可能腐蚀转向系统内密封件导致漏油或损伤精密零件。
> 2）换油过程中不可加注不同种类的动力转向油，并且要选择正确的规格，错误规格的动力转向油会导致转向困难，甚至转向失效。
> 3）动力转向系统内空气一定要排尽，否则转向时会出现异响和不顺畅的现象。

图 3-9　动力转向油

图 3-10　动力转向油液位

三、动力转向油长期不更换的后果

动力转向油本质上是一种液压油，工作于封闭的状态，对黏温性能有一定的要求。如果长期不更换，会导致油液缺少、发黑、黏度增加甚至变质等情况，导致转向力不均匀。变质的动力转向油会产生气泡，造成压力冲击，损坏助力泵，同时会腐蚀转向机构的一些密封元件造成泄漏等，如图 3-11 所示。

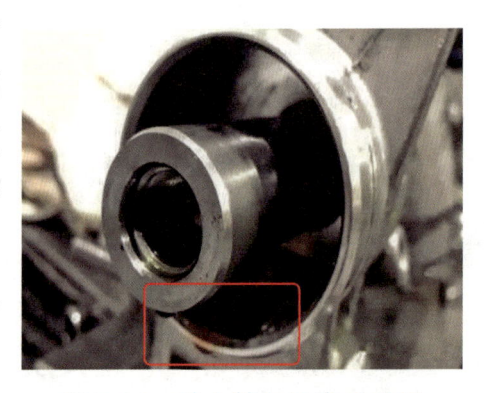

图 3-11　动力转向油变质泄漏

扫一扫

动力转向系统的液位检查与油液更换

【任务实施】

一、工具设备准备

实训车辆、举升机、垫块、真空抽液壶、分类垃圾桶等。

二、任务操作过程

1. 前期准备	
1）安装车轮挡块	2）打开发动机舱盖，安装车外三件套

（续）

 3）安装举升机垫块	 4）起动发动机，转动转向盘至左右限位
 5）确认动力转向油是否有泡沫或浑浊	 6）转向盘复位并观察液面
2. 油液更换	
 1）准备真空抽液壶	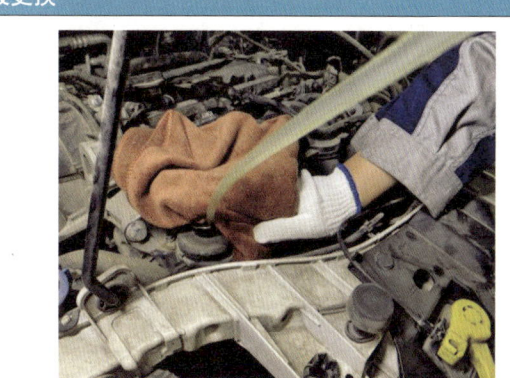 2）抽取储液罐内油液
 3）安全举升车辆至合适位置	 4）左右旋转转向盘3~5次，抽取油液

（续）

 5）向油壶内加注新动力转向油至规定刻度	 6）起动车辆，左右转动转向盘至左右限位3~5次，方便排气
 7）熄火，检查液位是否达到标准，若不足则添加油液至标准液位	 8）盖上动力转向储液罐盖

3. 车辆恢复及做好5S

1) 车外翼子板布、前格栅布拆除并叠好归位
2) 车内三件套环保处理
3) 抹布、手套回收处理
4) 关闭发动机舱盖、升起车窗玻璃、拔下车辆钥匙，回收车轮挡块并归位
5) 旧动力转向油环保处理
6) 工具清洁归位
7) 清洁车辆、地面

【总结及拓展训练】

小提示

顾客是企业的生存之本，尊重、诚信是企业与顾客连接的纽带，同学们在以后的工作中，要尊重顾客、诚信经营，用高质量的维修技术赢得顾客的信赖。

通过本任务的学习，了解动力转向油的作用及类型，掌握动力转向油的检查与更换方法。本任务与汽车运用与维修职业技能等级证书标准中的1-2【汽车转向悬架与制动安全系统技术-模块】动力液压系统检查保养职业技能要求相对应，学生要勤加练习，为以后考取相应等级的职业技能等级证书打下基础。现有一辆雪佛兰科鲁兹汽车的动力转向油变质，请根据已学知识并结合该车辆具体情况，进行动力转向油液位检查与油液更换。

任务三　动力转向助力泵传动带的检查

【任务目标】

1. 了解转向助力泵传动带的作用。
2. 熟练掌握转向助力泵传动带的拆卸、检查、调整和更换方法。

【任务描述】

客户王先生的汽车已经行驶了 60000km，转向时王先生听到发动机舱内有明显的"吱吱"声。王先生开车来到汽车 4S 店，服务顾问在询问和检查后将车辆交给维修技师，维修技师根据《维修手册》要求检查发现转向助力泵传动带异常。下面讲述转向助力泵传动带的相关知识和传动带的拆卸、检查、调整和更换流程。

【知识储备】

一、传动带的种类

汽车上常见的传动带有三种类型，风扇传动带、动力转向助力泵传动带以及正时带，安装于汽车发动机曲轴到凸轮轴、水泵、发电机、空调压缩机以及转向助力泵等位置。

二、传动带的作用

风扇传动带是一种由曲轴带动的传动带，其主要作用是带动发动机风扇和水泵，如图 3-12 所示。

正时带（图 3-13）是发动机配气机构的重要组成部分，通过与曲轴的连接并配合一定的传动比来保证进、排气时间的准确。当发动机运转时，气门的开启与关闭时刻要与点火顺序相配合，时刻要保证"同步"运转。使用正时带而不是齿轮来传动是因为正时带噪声小，自身变化量小而且易于补偿。

动力转向助力泵传动带（图 3-14），也称为多楔带。由于一般带有机械液压助力转向系统的发动机、空调压缩机以及助力转向泵都是由一根传动带驱动的，因此它

图 3-12　风扇传动带 　　　　　　　　　图 3-13　正时带

的作用是带动发电机、空调压缩机以及转向助力泵运行。当传动带损坏时，会导致转向困难、汽车空调无法制冷、相关的辅助机构无法正常运转。因此，定期检查传动带非常必要。

三、动力转向助力泵传动带的材质及特点

动力转向助力泵传动带是内侧表面排布着具有等间距纵向 40° 的梯形或楔形的环形传送带，材质以橡胶为主，其工作表面是楔形的侧面，如图 3-15 所示。

图 3-14　动力转向助力泵传动带 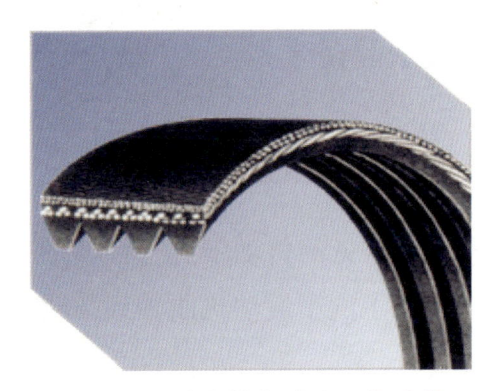　　　　图 3-15　动力转向助力泵传动带

与普通传动带相比，该传动带具有以下特点。

1）运动时传动功率大，空间相同的情况下比普通传动带传动功率高。

2）传动系统的结构紧凑，在相同的传动功率下，所占用的空间小。

3）带体薄且柔软，可以适应直径小的带轮传动，也可以传动多个带轮，从而适应高速传动，运动时振动小、发热小、运转平稳。

4）具有耐热、耐油、耐磨损等特点。其使用抗拉强度高与抗疲劳的钢丝绳或聚酯线绳作为强力层，外面包覆橡胶或聚氨酯，使用时带体伸长小，使用寿命长。

项目三　汽车转向系统检查与维护

扫一扫

动力转向助力泵传动带的检查

【任务实施】

一、工具设备准备

实训车辆、车内三件套、车外三件套、传动带张紧力测量工具和分类垃圾桶等。

二、任务操作过程

1. 前期准备	
1）安装车轮挡块	2）打开发动机舱盖，安装车外三件套
3）安装举升机垫块并举升车辆至合适高度	

2. 传动带的检查	
1）起动发动机，开空调并转动转向盘，判断传动带有无噪声及打滑现象	2）检查传动带是否有开裂、磨损、油污等情况

73

（续）

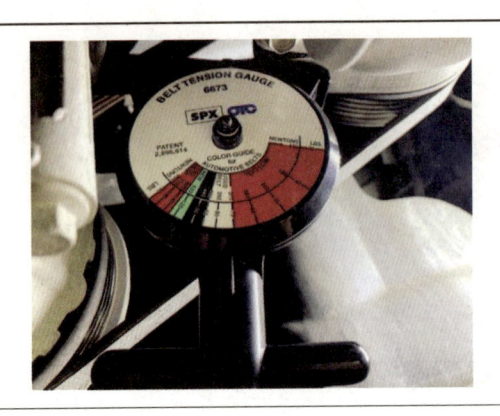

3）用专用工具检查传动带张紧力

3. 车辆恢复及做好 5S

1）车外翼子板布、前格栅布拆除并叠好归位
2）车内三件套环保处理
3）抹布、手套回收处理
4）关闭发动机舱盖、升起车窗玻璃、拔下车辆钥匙，回收车轮挡块并归位
5）工具清洁归位
6）清洁车辆、地面

【总结及拓展训练】

> **小提示**
> 汽车维修是一项技术含量较高的工作，随着汽车保有量的增加，汽车维修业务量也越来越大。要提高维修效率，就要不断进行维修技术的创新，改善维修工艺，同学们在以后的工作中，要勇于探索和尝试。

通过本任务的学习，了解转向助力泵传动带的作用，掌握传动带的拆卸、检查、调整和更换方法。本任务与汽车运用与维修职业技能等级证书标准中的1-2【汽车转向悬架与制动安全系统技术-模块】转向机械部件检查职业技能要求相对应，学生要勤加练习，为以后考取相应等级的职业技能等级证书打下基础。现有一辆雪佛兰科鲁兹汽车起动后，动力转向助力泵传动带异响，请根据已学知识并结合该车辆具体情况，进行转向助力泵传动带的检查。

练 一 练

一、填空题

1. 液压动力转向系统主要由_____、_____、_____、_____和_____组成。
2. 汽车转向系统按能源的不同分为_____和_____。
3. 油泵可分为三种类型，分别是_____、_____以及_____。
4. 转向器常用的有_____、_____和_____。
5. 汽车上常见的传动带有三种类型：_____、_____以及_____。
6. 动力转向助力泵传动带，也称为_____。

二、简答题

1. 简述电动助力转向系统的优点。

2. 简述更换动力转向油的注意事项。

3. 简述动力转向助力泵传动带的特点。

项目四　汽车悬架系统检查与维护

【项目描述】

本项目介绍汽车悬架系统的基本知识，包括悬架系统的检查、减振器的检查与更换。通过本项目的学习，学生可以对汽车悬架系统有简单认识，掌握悬架系统的检查、减振器的检查和更换等基本操作，为本课程的学习打好基础。

任务一　悬架系统的检查

【任务目标】

1. 了解悬架系统的作用、组成及分类。
2. 掌握弹性元件类型及特点。
3. 熟练掌握悬架系统的检查方法。

【任务描述】

客户王先生的别克威朗汽车在行驶到颠簸的路面时，汽车底盘出现"咯噔"的异响声音。王先生开车来到别克4S店，服务顾问在询问和检查后将车辆交给维修技师，维修技师根据《维修手册》要求对该车悬架系统进行检查。下面讲述悬架系统的相关知识和悬架系统的检查流程。

【知识储备】

一、悬架系统的作用

悬架系统是汽车中弹性连接车桥与车架或车身的装置，主要任务是缓和不平路面传给车架的冲击，提高乘车的舒适性，并将路面与车轮之间摩擦所产生的作用力（驱动力与制动力）传输至车架或车身，悬架系统如图4-1所示。

图 4-1 悬架系统

二、悬架系统的组成

悬架系统主要由弹性元件、减振器和导向装置等组成。

1. 弹性元件

弹性元件用来承受并传递垂直载荷，缓和汽车在不平坦道路上行驶时所产生的冲击，使车架与车桥之间保持弹性连接，提高乘坐的舒适性。常见的弹性元件有钢板弹簧、空气弹簧、螺旋弹簧以及扭杆弹簧等，现代汽车悬架多采用螺旋弹簧和扭杆弹簧，个别高级汽车使用空气弹簧。

（1）钢板弹簧　钢板弹簧是由若干片等宽但不等长的合金弹簧片组合而成的近似等强度的弹性梁，如图4-2所示。钢板弹簧特点是结构简单、工作可靠、成本低以及维修方便。它的一端与车架铰接，可以传递各种力和力矩，并决定车轮的跳动轨迹。同时，它本身也有一定的摩擦减振作用。它的缺点是只能用于非独立悬架，并且质量较大、刚度大、舒适性差；纵向尺寸较长，不利于缩短汽车的前悬架和后悬架；与车架连接处的钢板弹簧销容易磨损等。

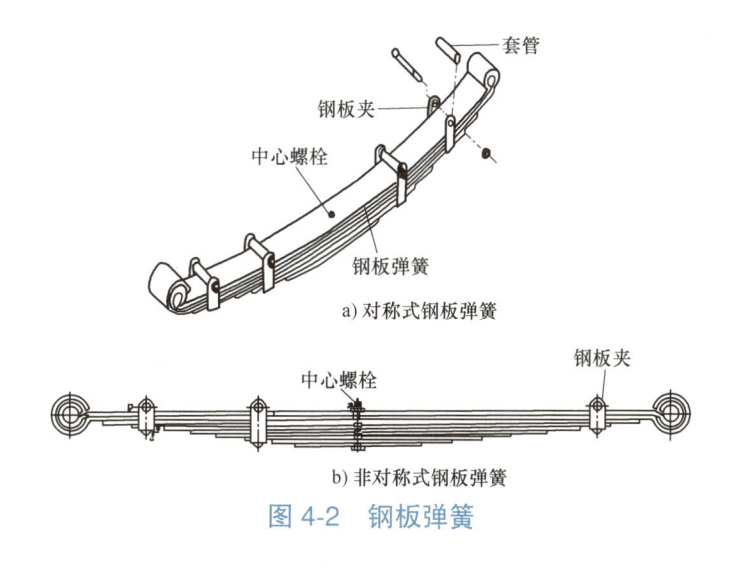

a) 对称式钢板弹簧

b) 非对称式钢板弹簧

图 4-2 钢板弹簧

（2）空气弹簧　空气弹簧是指在可伸缩的密闭容器中充以压缩空气，利用空气弹性作用的弹簧，俗称气囊、气囊式气缸和皮囊气缸等。空气弹簧广泛应用于商用车、轨道车辆、机器设备及建筑物基座的自调节式空气悬架。空气弹簧按气囊的结构形式可分成囊式和膜式，如图4-3所示。

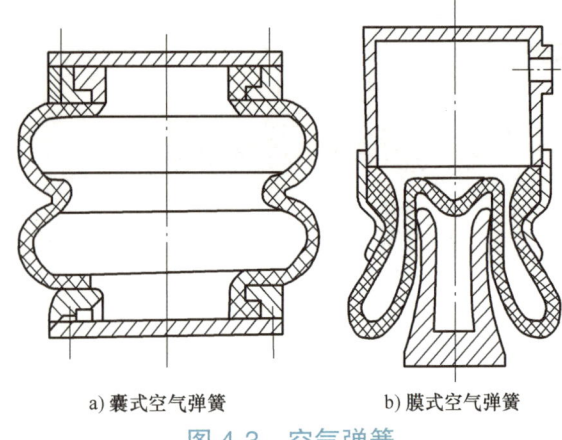

a）囊式空气弹簧　　b）膜式空气弹簧

图 4-3　空气弹簧

> **注意**
> 由于螺旋弹簧本身并没有减振作用，因此在螺旋弹簧悬架中必须另装减振器。此外，螺旋弹簧只能承受垂直载荷，故必须装设导向机构以传递垂直力以外的各种力和力矩。

（3）螺旋弹簧　螺旋弹簧广泛应用于独立悬架，特别是前轮独立悬架中，如图4-4所示。在有些轿车的后轮非独立悬架中，其弹性元件也采用螺旋弹簧。螺旋弹簧和钢板弹簧相比，具有无须润滑、不忌泥污、所需的纵向安装空间不大、弹簧质量小等优点。

螺旋弹簧由弹簧钢棒料卷制而成，可做成等螺距弹簧或变螺距弹簧。前者刚度不变，后者刚度是可变的。

（4）扭杆弹簧　扭杆弹簧作为一种弹性元件，广泛地应用于现代汽车的悬架中，在轿车、货车及越野汽车中都有采用，如图4-5所示。扭杆弹簧由铬钒合金弹簧钢制成，其表面经过加工后较为光滑。使用时必须保护好扭杆表面，通常在扭杆弹簧表面涂一层环氧树脂，包一层玻璃纤维布，再涂一层环氧树脂，最后涂以沥青和防锈油漆，以防碰撞、刮伤和腐蚀。

图 4-4　螺旋弹簧 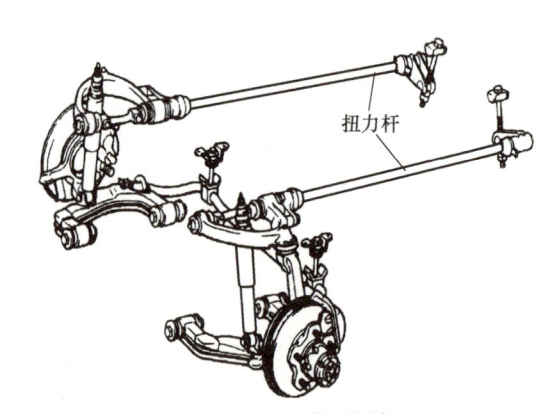　　　　图 4-5　扭杆弹簧

2. 减振器

减振器是为了加速车架与车身振动的衰减，用以改善汽车的行驶平顺性的装置，图4-6所示为双向作用筒式减振器。汽车上使用的减振器有双向作用筒式减振器、充气式减振器和阻尼可调式减振器等三种类型。

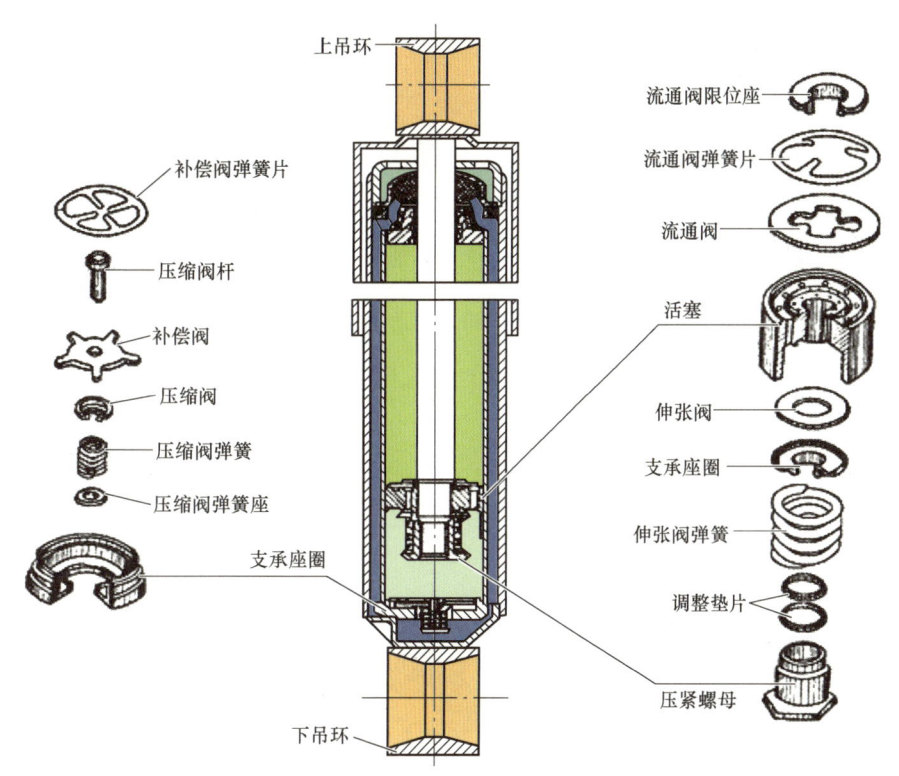

图 4-6 双向作用筒式减振器

3. 导向装置

导向装置用来传递除垂直力以外的各种力和力矩,并确定车轮相对于车架(或车身)的运动关系,如图 4-7 所示。

图 4-7 导向装置

三、悬架的类型与结构

汽车悬架根据导向装置的不同,可分为非独立悬架和独立悬架两大类,如图 4-8 所示。

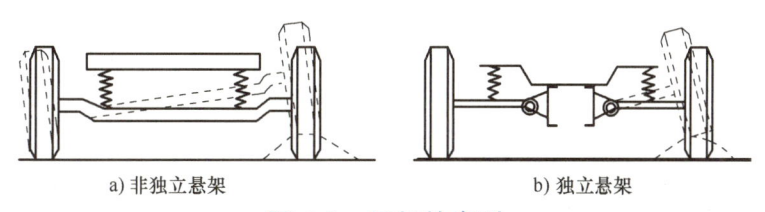

图 4-8 悬架的类型
a) 非独立悬架　　b) 独立悬架

1. 非独立悬架

非独立悬架系统的结构特点是两侧车轮由一根整体式车架相连,车轮连同车桥一起通过弹性悬架系统,悬架在车架或车身的下面。非独立悬架系统具有结构简单、成本低、强度高、维护容易以及行车中前轮定位变化小的优点,但由于其舒适性及操纵稳定性都相对较差,在轿车中只有在成本控制比较严格的车型中才会使用,更多用于货车和客车上。

2. 独立悬架

独立悬架是汽车每个车轮单独通过一套悬架安装于车身或者车桥上，车桥采用断开式，中间一段固定于车架或者车身上，当车轮受冲击时互不影响。该悬架质量较小，缓冲与减振能力强，乘坐舒适，各项指标都优于非独立式悬架，但该悬架结构复杂，而且驱动桥以及转向系统也相对复杂。目前，轿车上应用独立悬架的类型有很多，常见的有横臂式、纵臂式、烛式和麦弗逊式等，如图4-9所示。

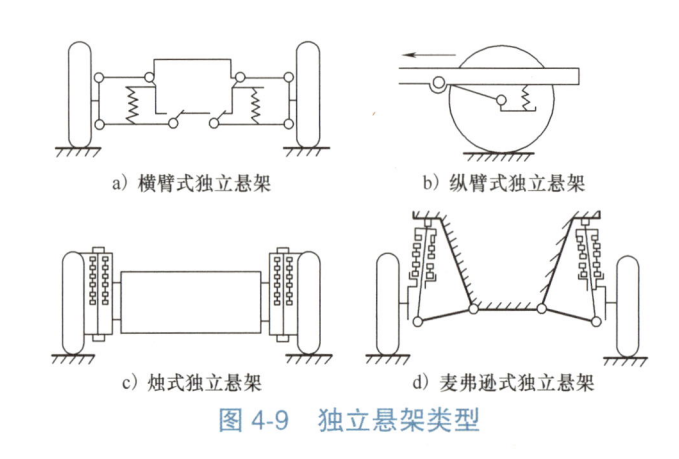

扫一扫

悬架系统的检查

a) 横臂式独立悬架　　b) 纵臂式独立悬架

c) 烛式独立悬架　　d) 麦弗逊式独立悬架

图4-9　独立悬架类型

【任务实施】

一、工具设备准备

别克威朗实训车辆、世达120件套装工具、机械扳手、扭力扳手、工具车、举升机垫块和分类垃圾桶等。

二、任务操作过程

1. 前期准备

1）安装举升机垫块	2）举升车辆至合适高度

（续）

2. 悬架系统检查

1）前悬架减振器弹簧变形检查

2）前悬架减振器漏油检查

3）后悬架减振器弹簧变形检查

4）底盘螺栓紧固，根据《维修手册》查阅悬架螺栓紧固力矩并使用扭力扳手紧固螺栓
① 前悬架螺栓紧固规格：下控制臂至万向节螺母为35N·m+30°，下控制臂衬套螺栓和螺母为100N·m+90°。
② 后悬架螺栓紧固规格：平衡锁闩连杆螺栓螺母为58N·m+45°，后桥托架螺栓为100N·m+45°，减振器下螺栓为100N·m。

3. 车辆恢复及做好5S

1）降下车辆，回收举升机垫块并归位
2）抹布、手套回收或者环保处理
3）扭力扳手归零、工具清洁归位
4）清洁车辆、地面

【总结及拓展训练】

通过本任务的学习，了解悬架系统的作用、组成及分类，熟知弹性元件类型及特点，掌握了悬架系统的检查方法。本任务与汽车运用与维修职业技能等级证书标准中的1-2【汽车转向悬架与制动安全系统技术 - 模块】悬架系统检查保养职业技能

> **小提示**
> 汽车制造企业不断进行新技术的研发，以提高汽车乘坐的安全性和舒适性。汽车维修的目的就是让车辆保持良好的技术状况，保证行车安全，延长车辆使用寿命，同学们要不断学习，提升专业能力，提高维修水平。

要求相对应，学生要勤加练习，为以后考取相应等级的职业技能等级证书打下基础。现有一辆雪佛兰科鲁兹汽车需要做悬架系统的检查，请根据已学知识并结合该车辆具体情况，进行悬架系统的检查。

任务二　减振器的检查与更换

【任务目标】

1. 了解减振器的结构与工作原理。
2. 掌握减振器的拆装方法。

【任务描述】

客户王先生的别克威朗汽车在过减速带时，感觉车身上下颠簸多次，王先生开车来到别克 4S 店，服务顾问在询问和检查后将车辆交给维修技师，维修技师对该车悬架系统进行检查，发现减振器损坏，需更换新的减振器。下面讲述减振器的相关知识和更换流程。

【知识储备】

一、减振器的结构与工作原理

1. 减振器的结构

汽车上大多采用筒式液力减振器，在伸张行程起减振作用的减振器称为单向作用式减振器，在压缩和复原两个行程内均能起减振作用的减振器称为双向作用筒式减振器。目前，汽车上多采用双向作用筒式减振器，如图 4-10 所示。双向作用筒式减振器一般由 5 个阀、2 个缸筒、2 个吊耳、1 个活塞及活塞杆等组成，如图 4-11 所示。

2. 减振器的工作原理

减振器工作时进行往复运动。在一个往复循环中，拉伸的过程称为"复原行程"，压缩的过程称为"压缩行程"。

（1）复原行程　活塞杆做拉伸运动时，活塞上腔的减振器油在油压的作用下，通过活塞上的阀孔及节流孔流向活塞下腔，同时由于活塞杆伸出使工作缸内部增大

图 4-10 双向作用筒式减振器

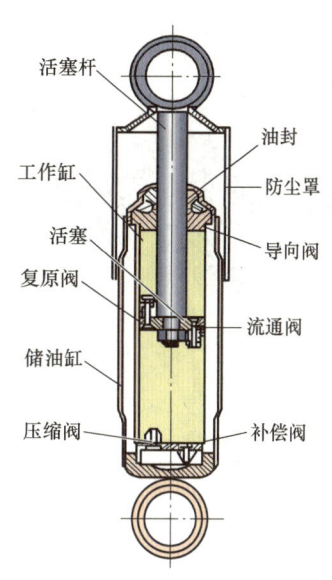

图 4-11 双向作用筒式减振器结构

了相应的容积，使活塞下腔产生一定的负压，从而使储油缸里的减振器油推开底阀（压缩阀）上的补偿阀进入工作缸以补偿活塞杆移出的空间；与此同时工作缸上腔有一少部分油液通过活塞杆与导向器之间的间隙泄漏到导向器与油封之间的腔内，再通过导向器上的泄流孔流入储油缸。

（2）压缩行程　活塞杆做压缩运动时，活塞下腔的减振器油在油压的作用下，打开活塞上的流通阀流向活塞上腔。由于一般流通阀弹簧很软，打开时所需的力较小，因此可以认为此时活塞上下腔的压力是相同的；同时由于活塞杆的进入，工作缸使减振器油通过压缩阀进入储油缸，由于压缩阀的作用，此过程使活塞腔内产生一定油压；与此同时工作缸内有一少部分油液通过活塞与导向器之间的间隙泄漏到导向器与油封之间的腔内，再通过导向器上的泄流孔流入储油缸。

二、减振器的故障类型

1. 失效

减振器失效是由于减振器完全或部分失去减振功能，无阻尼力或阻尼力衰减幅度很大导致，一般是以下一种或几种原因引起。

1）减振器漏油，如图 4-12 所示。

2）减振器内阀系统失效。

2. 损坏

减振器损坏原因一是受到异常外力碰撞，使减振器活塞杆弯曲或缸筒（外筒甚至内筒）损伤而导致卡死或卡滞；二是缓冲块或副簧损坏及脱落导致减振器内部零件撞坏；三是由于制造质量问题而产生的吊环脱落等，如图 4-13 所示。

图 4-12　减振器漏油

图 4-13　减振器损坏

3. 异响

一般情况下，异响应称为悬架系统异响，大多是由于连接部位没有拧紧、球或环接头松动等，甚至轮胎的气压过高也可误认为异响、噪声；来自减振器本身异响的情况较少，但是当减振器明显失效，工作条件恶化或内部零件脱落松动、减振器吊环胶套松动时也可能引起异响。减振器活塞在上下运动时油液产生的"丝丝"声，不应视为异响。

4. 其他

其他故障现象包括因减振器制造原因或零部件磨损使减振器松弛，引起车轮偏摆等。

【任务实施】

一、工具设备准备

减振器拆装台架、抹布、手套和减振器专用拆装工具等。

二、任务操作过程

1. 前期准备	
1）将减振器与弹性元件总成安装在拆装台架上	2）锁紧紧固螺母

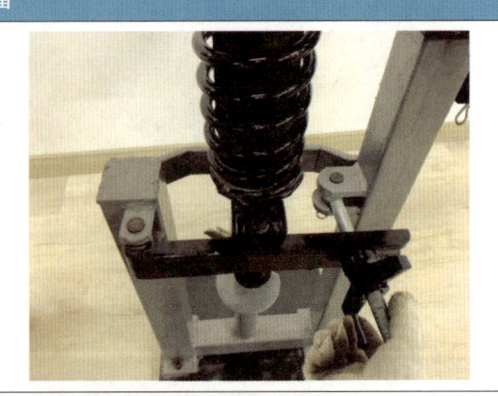

扫一扫
减振器的检查与更换

（续）

2. 减振器拆装	
1）安装弹簧压紧装置	2）锁紧紧固螺母
3）安装弹簧压紧装置	4）转动摇柄压紧减振器弹性元件
5）使用机械扳手松开减振器锁紧螺母	6）取下减振器锁紧螺母

3）再次检查安装位置，确保安全

（续）

 7）取下减振器上托架	 8）取下上托架支撑座
 9）取下垫片	 10）转动摇柄松开减振器弹性元件
 11）让减振弹簧恢复自由状态	 12）移除弹簧压紧装置
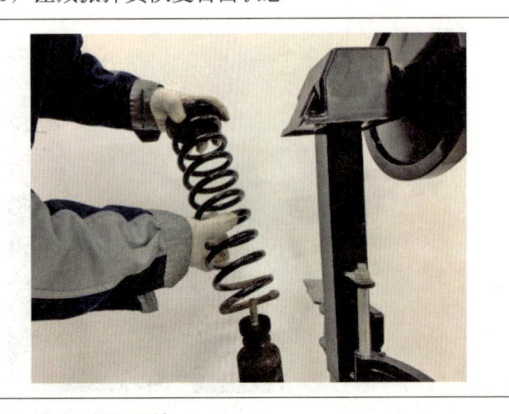 13）取下减振弹簧	 14）松开减振器紧固螺母

（续）

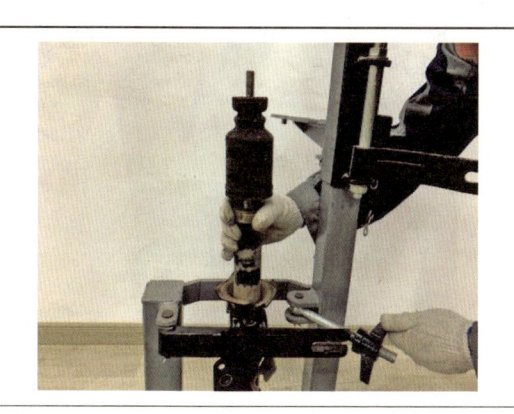 15）取下减振器	 16）取下防尘罩
 17）检查减振器及减振弹簧组件	 18）将新的减振器安装在减振器拆装台架上并将其锁紧
 19）安装减振弹簧	 20）安装垫片
 21）安装上托架支撑座	 22）安装减振器上托架

（续）

23）安装减振器锁紧螺母	24）按照《维修手册》要求用扭力扳手将减振器锁紧螺母紧固到规定力矩

3. 恢复及做好 5S

1）抹布、手套回收或者环保处理
2）旧减振器环保处理
3）清洁减振器拆装台架、地面

【总结及拓展训练】

通过本任务的学习，了解减振器的结构与工作原理，掌握减振器的拆装及更换方法。本任务与汽车运用与维修职业技能等级证书标准中的 1-2【汽车转向悬架与制动安全系统技术 - 模块】前后减振器的拆装职业技能要求相对应，学生要勤加练习，为以后考取相应等级的职业技能等级证书打下基础。现有一辆雪佛兰科鲁兹汽车需要更换减振器，请根据已学知识并结合该车辆具体情况，进行减振器的检查与更换。

> **小提示**
> 在拆装减振器或其他汽车总成时，同学们一定要按照工艺流程进行操作，否则可能会损坏总成件，甚至会造成意外伤害。

练 — 练

一、填空题

1. 汽车悬架系统主要由_____、_____、_____等组成。
2. 常见的弹性元件有_____、_____、_____以及_____等。
3. 汽车悬架根据导向装置的不同，可分为_____和_____两大类。
4. 目前，轿车上应用独立悬架的类型有很多，常用的有_____、_____、_____和_____等。

二、简答题

1. 简述悬架系统的作用。

2. 简述汽车悬架系统中导向装置的作用。

3. 简述减振器的故障类型。

4. 简述减振器的工作原理。

项目五　轮胎检查维护与车轮定位

【项目描述】

本项目介绍汽车轮胎的基本知识，包括轮胎的检查与换位、轮胎的拆装、轮胎的修复、车轮动平衡以及车轮定位。通过本项目的学习，学生可以对汽车轮胎有简单认识，掌握轮胎的拆装、换位、修复、动平衡及定位等基本操作，为本课程的学习打好基础。

任务一　轮胎的检查与换位

【任务目标】

1. 了解轮胎的规格和维护制度。
2. 熟练掌握车轮的换位方法。

【任务描述】

客户王先生的别克威朗汽车行驶里程超过 20000km，王先生开车来到别克 4S 店，服务顾问在询问和检查后将车辆交给维修技师，维修技师根据《维修手册》要求对车辆进行检查，经检查后发现车辆前后轮胎磨损不均匀，需进行车轮换位。下面讲述汽车轮胎的相关知识和车轮换位的流程。

【知识储备】

一、汽车轮胎的规格及其表示方法

1. 汽车轮胎的主要尺寸

轮胎的主要尺寸有轮胎断面宽度（B）、轮辋名义直径（d）、轮胎断面高度（H）、轮胎外直径（D）、负荷下静半径和滚动半径等，如图 5-1 所示。

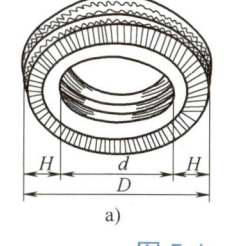

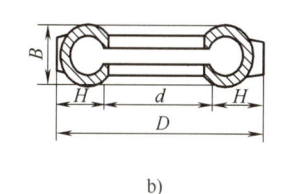

（1）轮胎断面宽度（B） 它是指轮胎按规定气压充气后，轮胎两外侧面间的距离。

图 5-1 轮胎的主要参数

（2）轮辋名义直径（d） 它是指轮辋规格中直径大小的代号，与轮胎规格中相对应的直径一致。

（3）轮胎断面高度（H） 它是指轮胎按规定气压充气后，轮胎外直径与轮辋名义直径之差的一半。

（4）轮胎外直径（D） 它是指轮胎按规定气压充气后，在无负荷状态下胎面最外表的直径。

（5）负荷下静半径 它是指轮胎在静止状态下只承受法向负荷作用时，由轮轴中心到支撑平面的垂直距离。

（6）轮胎滚动半径 它是指车轮旋转运动与平移运动的折算半径。

2. 汽车轮胎的特性参数

（1）轮胎的高宽比和轮胎系列 轮胎的高宽比是指轮胎的断面高度（H）与轮胎断面宽度（B）的百分比，表示为（H/B）%。轮胎系列就是用轮胎的高宽比的名义值大小（不带%）表示的，例如 "80" 系列、"75" 系列分别指的是轮胎的高宽比为 80% 和 75%。

（2）轮胎的层级 轮胎的层级是表示轮胎承载能力的相对指数，主要用于区别尺寸相同但结构和承载能力不同的轮胎。轮胎的层级数与轮胎帘布层的实际层数没有直接关系，即轮胎的层级不代表轮胎帘布层的实际层数，轮胎层级常用 PR 表示。

（3）轮胎最高速度和速度级别符号 轮胎最高速度是指在规定条件下（路面级别、轮辋名义直径），在规定的持续行驶时间（持续行驶最长时间为 1h）内，允许使用的最高速度。

将车辆最高速度分为若干级，用字母表示，称为速度级别符号。轮胎速度级别符号与最高行驶速度对应关系见表 5-1。

表 5-1 轮胎速度级别符号与最高行驶速度对应关系

速度级别符号	最高速度（km/h）	速度级别符号	最高速度（km/h）
K	110	R	170
L	120	S	180
M	130	T	190
N	140	U	200
P	150	H	210
Q	160	V	240

（4）轮胎负荷能力和轮胎负荷指数　轮胎负荷能力是指在一定行驶速度和相应充气压力时的最大载重量，轮胎负荷指数是指在规定条件下轮胎负荷能力的数字符号，两者对应关系见表 5-2。

表 5-2 负荷指数与负荷能力对应关系

轮胎负荷指数	轮胎负荷能力 /kg	轮胎负荷指数	轮胎负荷能力 /kg
79	437	84	500
80	450	85	515
81	462	86	530
82	475	87	545
83	487	88	560

3. 汽车轮胎规格的表示方法

GB/T 2978—2014《轿车轮胎规格、尺寸、气压与负荷》规定的轿车轮胎规格代号表示方法，如图 5-2 所示。

```
轮胎规格标志      使用说明
195 / 60  R  14  86  H
                     └─ 速度级别符号
                 └─── 负荷级别指数
             └─────── 轮辋名义直径（in）(1in≈2.54cm)
         └─────────── 结构类型代号，"R"为子午线结构代号；
                      "—"或"D"为斜交结构代号
     └─────────────── 名义高宽比
 └─────────────────── 名义断面宽度（mm）
```

图 5-2 轿车轮胎规格代号表示方法

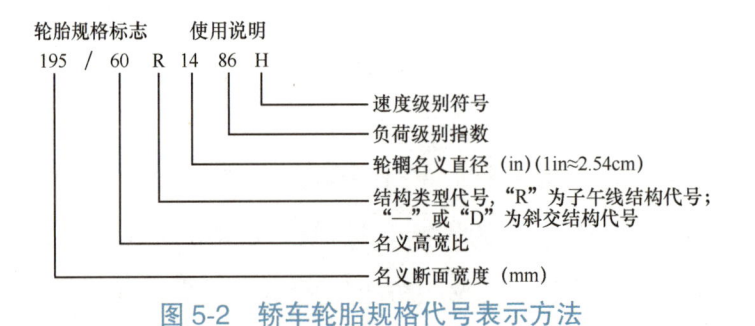

二、汽车轮胎的维护

对轮胎的维护应与整车维护一样，贯彻"预防为主、强制维护"的原则。轮胎维护应结合车辆的日常维护、一级维护和二级维护进行，维护周期按汽车规定的维护周期执行。

1. 一级维护

一级维护内容：检查轮胎螺母是否紧固，气门嘴是否漏气，气门帽是否齐全，若发现损坏应立即修理补齐；挖出夹石和花纹中的石子、杂物；检查轮胎气压，按标准补足；检查轮胎有无与其他机件剐碰现象，备胎架是否完好、紧固，若不符合要求应予排除。完成上述操作后应填写维护记录。

2. 二级维护

二级维护内容：拆卸轮胎，按轮胎标准测量胎面花纹磨耗、周长及断面宽的变化，作为换位和搭配的依据；进行轮胎解体检查：检查胎冠、胎肩、胎侧及胎内有无内伤、脱层、起鼓和变形等现象，检查内胎、垫带有无咬伤、折皱现象，气门嘴、气门芯是否完好，检查轮辋、挡圈和锁圈有无变形、锈蚀，根据情况进行涂漆处理；检查轮辋螺栓孔有无过度磨损或损裂现象；排除解体检查所发现的故障后，进行装合和充气；高速车应进行轮胎的动平衡试验，并按规定进行轮胎换位；若发现轮胎有不正常的磨损或损坏，应查明原因，予以排除。完成上述操作后应填写维护记录。

三、轮胎花纹尺

1. 轮胎花纹尺的类型及结构

轮胎花纹尺是用于测量轮胎花纹深度的专用工具。通过轮胎花纹尺对轮胎花纹深度的测量，可以获得轮胎是否超出安全花纹深度、磨损状况等信息，实现对轮胎的科学管理。常见的轮胎花纹尺有数显式轮胎花纹尺和游标式轮胎花纹尺，分别如图 5-3 和图 5-4 所示。游标式轮胎花纹尺一般由花纹尺尺身、主尺、主尺探头、副尺、测量面及调节螺钉等部分组成，如图 5-5 所示。

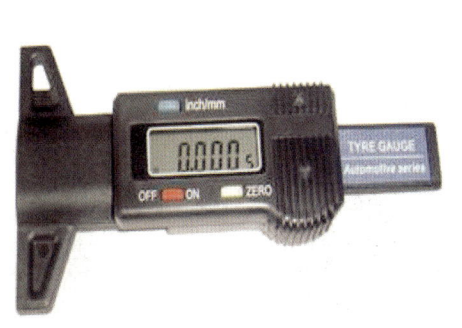

图 5-3　数显式轮胎花纹尺

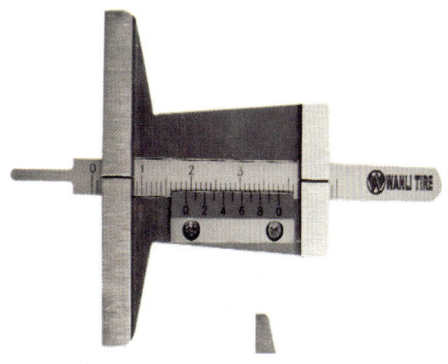

图 5-4　游标式轮胎花纹尺

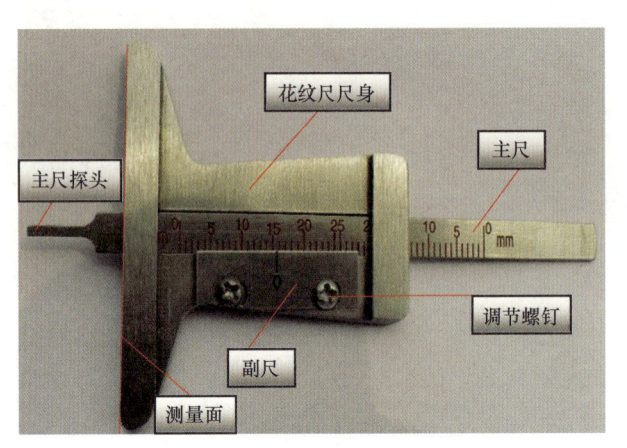

图 5-5 轮胎花纹尺结构

2. 轮胎花纹尺读数方法

轮胎花纹尺读数是由主尺和副尺组成，在副尺上有副尺固定螺钉。主尺上的刻度以 mm 为单位，每 5 格分别标以 5、10、15 等，以表示 5mm、10mm、15mm 等，花纹尺最小刻度为 1mm。

轮胎花纹尺测量前，主尺与副尺的 0 线对齐，测量时，主尺相对副尺向左移动，副尺标线指示读数为花纹深度值。数值由两部分组成：标尺读数 + 估读数值。

> **注意**
> 轮胎花纹尺使用注意事项：
> 1）使用前，应先使主尺与测量面平齐，检查副尺 0 线与主尺 0 线是否对齐，若未对齐，应调节副尺螺钉使之对齐。
> 2）测量轮胎花纹深度时，测量面必须与轮胎花纹表面平行。
> 3）测量时在花纹沟内应轻轻滑动，避免磨耗标记影响测量结果。
> 4）读数时，视线要垂直于尺面，否则测量值不准确。

四、车轮换位的作用与原则

车轮换位的作用是让前后轮胎的磨损相对均匀，原则是让每一个轮胎在前后左右 4 个部位都使用一段时间，但是车轮换位并不适合所有车型。

常见的车轮换位方法有四轮交叉换位和四轮前后换位，如图 5-6 所示。

1）后轮或四轮驱动车辆，左前调至右后、右前调至左后、左后调至右前、右后调至左前（图 5-6a）。

2）前轮驱动车辆，左后调至右前、右后调至左前、左前调至左后、右前调至右后。

3）带有备胎的汽车可以进行循环换位，备胎建议放后轮。

4）单向轮胎只能前后轮对换，不能左右对换（图 5-6b）。

a) 四轮交叉换位　　b) 四轮前后换位

图 5-6 车轮换位

【任务实施】

一、工具设备准备

别克威朗实训车辆、世达 120 件套装工具、轮胎花纹尺、板簧式扭力扳手、扭力扳手、抹布、手套、工具车、分类垃圾桶、举升机垫块和轴承润滑脂等。

二、任务操作过程

1. 前期准备	
1）安装举升机垫块	2）举升车辆至车轮即将离地
3）利用板簧式扭力扳手与套筒将车轮螺母预松	4）预松车轮时按五角星方向逐一预松
5）举升车辆至合适位置	

扫一扫

轮胎的检查与换位

(续)

2. 车轮的拆卸与检查

1）按五角星方向拆下车轮螺母	2）将车轮总成从车辆上拆下。由于车轮和轮毂/轴之间所用材料不同或者安装太紧，车轮可能难以拆下，可以通过用橡胶锤轻轻地敲打轮胎侧面来拆下
 3）清除车轮上的所有锈蚀或异物	 4）清除轮毂安装面上的所有锈蚀或异物
 5）清洁车轮双头螺柱和车轮螺母上的螺纹	 6）用轴承润滑脂轻轻涂抹在轮辋的内侧
 7）将轮胎花纹尺校零	 8）测量胎纹深度

> **注意**
> 安装车轮之前，应去除车轮支座面、制动鼓或制动盘支座面上的锈蚀；安装车轮时若安装面金属之间接触不紧密，则会造成车轮螺母松动，这将导致车辆行驶时车轮脱落，造成车辆失控，并可能造成人身伤害。

> **注意**
> 不要润滑车轮螺母、双头螺柱和支座面，或者向其抹油。车轮螺母、双头螺柱和安装面必须清洁干燥。紧固润滑过的零件会损害车轮双头螺柱，这将导致车辆行驶时车轮脱落，造成车辆失控，并可能造成人身伤害。

（续）

 9）检查轮胎侧缘	 10）检查轮胎表面
3. 车轮换位与安装	
 1）按照图示顺序进行四轮换位	 2）按五角星方向均匀地交替紧固车轮螺母。注意：均匀地交替紧固车轮螺母的目的是防止跳动量过大
 3）降下车辆至刚接触地面	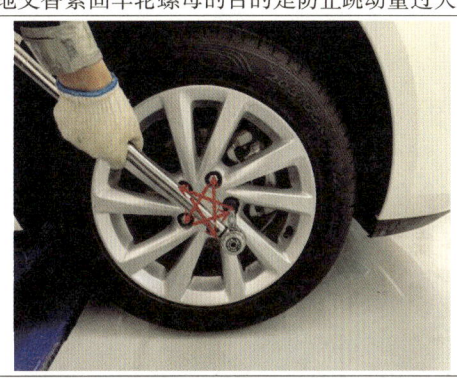 4）按五角星方向顺序将车轮螺母紧固至140N·m
 5）降下车辆至完全落地	 6）查看驾驶人侧车门上的轮胎气压标准值，调整前后车轮轮胎气压

(续)

4. 车辆恢复及做好 5S
1）抹布、手套回收处理
2）降下车辆，回收举升机垫块并归位
3）扭力扳手归零、工具清洁归位
4）清洁车辆、地面

> **小提示**
> 轮胎作为汽车上一个重要的零部件，对于汽车行驶安全的重要性是不言而喻的，单凭使用时间或者行驶里程去判断是否需要更换轮胎是不准确的，同学们以后在维修工作中，对相关部件检查一定要仔细认真，确保将安全隐患消除在萌芽状态。

【总结及拓展训练】

通过本任务的学习，了解轮胎的规格和维护制度，掌握车轮的换位方法。本任务与汽车运用与维修职业技能等级证书标准中的 1-2【汽车转向悬架与制动安全系统技术-模块】汽车车轮检查保养职业技能要求相对应，学生要勤加练习，为以后考取相应等级的职业技能等级证书打下基础。现有一辆雪佛兰科鲁兹汽车需要进行车轮换位，请根据已学知识并结合该车辆具体情况，进行车轮换位。

任务二　轮胎的拆装

【任务目标】

1. 了解轮胎异常磨损的原因。
2. 熟练掌握使用扒胎机拆装轮胎的方法。

【任务描述】

客户王先生的别克威朗汽车已经行驶了 40000km，王先生开车来到别克 4S 店，服务顾问在询问和检查后将车辆交给维修技师，维修技师根据《维修手册》要求对该车进行检查。经检查后发现轮胎磨损严重需更换新的轮胎。下面讲述轮胎使用的相关知识和轮胎的拆装流程。

【知识储备】

一、汽车轮胎的异常磨损及其原因分析

汽车车轮转动时，轮胎直接承受来自路面的阻力。因此，行驶里程越长，胎面的磨损就越严重，轮胎的磨损形式也多种多样。在汽车使用中，经常出现轮胎各种各样的异常磨损情况，见表 5-3。

表 5-3 轮胎异常磨损情况

异常磨损情况	图　示	原　因
两侧胎肩偏磨		轮胎气压长期偏低或汽车超载、轮胎胎面过窄、轮辋过宽，轮胎的磨损主要由胎面两侧承担 低压
胎面中央磨损		轮胎气压长期偏高、轮胎胎面过宽、轮辋过窄，轮胎的磨损主要由胎面中部承担 高压
斑秃形磨损		轮胎的个别部位出现斑秃形严重磨损，原因可能是车轮动平衡有问题。当车轮动不平衡时，车轮若高速运转，轮胎个别部分会受力比较大，加剧磨损，同时造成转向盘发抖
胎面花纹局部磨损		紧急制动使车轮抱死或者快速起步时，会使车轮打滑，引起胎面局部磨损
胎面圆周方向局部凹痕状磨损		轮胎气压不足、车轮不平衡、钢圈变形或制动鼓失圆、前束过大、转向杆件连接松旷、车轮定位参数不正确等情况会导致该磨损

(续)

异常磨损情况	图示	原　因
胎面圆周方向呈波浪状或碟片状磨损		轮辋变形、车轮不平衡、轮毂轴承磨损松旷、前轮定位参数不正确、主销后倾角过小等情况会导致该磨损
胎面两侧花纹呈锯齿状磨损		轮胎气压偏低、负荷过大、轮毂轴承磨损松旷、前轮定位参数不正确等情况会导致该磨损
轮胎磨损均匀但磨损量大		道路路况太差、轮胎花纹不适合此路面或者四轮轮胎花纹不一致、没有进行四轮换位等情况，都有可能出现轮胎磨损均匀但磨损量过大

二、汽车轮胎的正确使用

正确合理地使用轮胎，可减少轮胎磨损，防止不正常的磨损和损坏，延长轮胎的使用寿命，保证行驶安全、降低使用成本。

> **注意**
> 在轮胎的使用和管理中应做到以下几点：
> 1）保持气压正常。
> 2）严禁轮胎超载。
> 3）掌握车速，控制胎温。
> 4）合理搭配轮胎。
> 5）精心驾驶车辆。
> 6）做好日常维护。
> 7）保持汽车技术状况良好。

三、扒胎机安全操作规程

1）扒胎机操作前应空载检查其机械性能有无异常现象，严禁扒胎机带"病"作业。

2）扒胎机应使用规定压力的压缩空气，并定期排除冷凝水。

3）在安装或拆卸轮胎的过程中应注意扒胎机拆装头与轮毂的距离，避免损伤轮毂表面。

4）扒胎时应将轮毂夹持牢固，检查好之后再起动，转动时严禁用手分离轮胎。

5）加气时手应放在安全位置，防止夹伤。

6）按期进行安全性能检查、清洁和维护，保证机器随时处于完好状态。

【任务实施】

一、工具设备准备

车轮、扒胎机、撬棒、抹布、手套、分类垃圾桶等。

二、任务操作过程

1. 前期准备	
1）取下车轮	2）清除车轮上的杂物和平衡块
3）将轮胎中的空气排出	

2. 拆卸轮胎	
1）将轮胎置于分离铲与橡胶垫之间	2）踩踏分离铲踏板使胎缘与轮辋分离

扫一扫

轮胎的拆装

（续）

 3）将胎缘与轮辋已分离的车轮放在转盘上	 4）踩踏夹紧踏板夹紧轮辋
 5）拉回横摆臂，调整摆臂和六方杆位置	 6）使拆装头内侧贴紧轮辋外缘
 7）锁紧六方杆与横摆臂	 8）润滑胎缘
 9）用撬棒将胎缘撬在拆装头前端半球形突起上	 10）踩踏转盘转向脚踏板，让转盘顺时针旋转直到胎缘脱落为止

项目五　轮胎检查维护与车轮定位

（续）

 11）上抬轮胎，装入助力臂	 12）利用助力臂将轮胎下缘抬起
 13）调整摆臂和六方杆位置并锁紧	 14）使拆装头相对位置的下胎缘进入轮槽，再将下胎缘撬在拆装头前端半球形突起上

15）踩踏转盘转向脚踏板，让转盘顺时针旋转直到胎缘脱落为止

3. 安装轮胎	
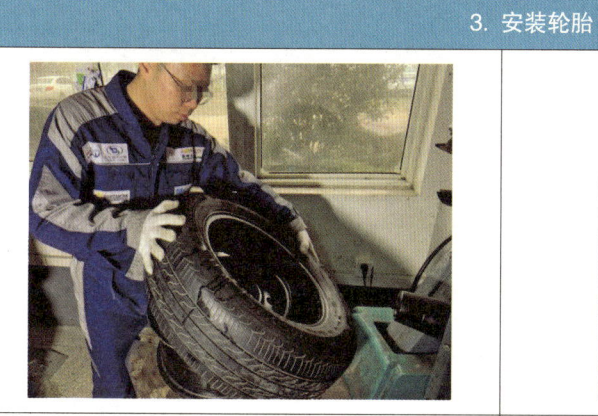 1）检查轮胎和轮辋尺寸是否相符	 2）将轮胎倾斜放在轮辋上，将摆臂拉回进入工作位置

103

（续）

注意
将胎缘置于拆装头上，拆装头前端使胎缘置于拆装头球型突起之下

3）调整轮胎与拆装头的相对位置，使下胎缘与拆装头交叉。	4）压低胎肚，踩踏转盘踏板，顺时针旋转转盘，让下部胎缘完全落入轮辋槽内
 5）调整上胎缘位置，压低胎肚使上胎缘进入轮槽内	 6）调整轮胎与拆装头的相对位置，使上胎缘与拆装头交叉
 7）利用助力臂压低胎肚	 8）踩踏转盘踏板，顺时针旋转转盘
 9）让上部胎缘完全落入轮辋槽内	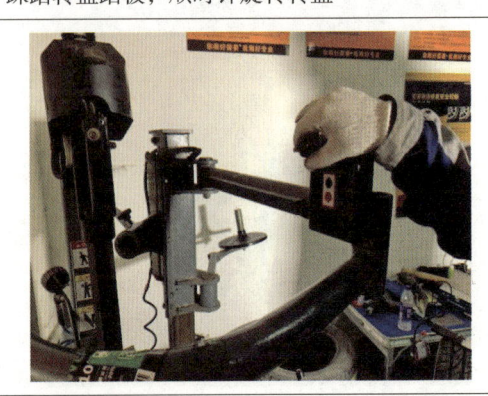 10）移除助力臂

(续)

 11）移除横摆臂，调整摆臂和六方杆位置	 12）踩踏夹紧踏板，松开轮辋
 13）安装新的气门芯	 14）按照要求将轮胎充气到标准气压 15）安装车轮

4. 车辆恢复及做好 5S

1）抹布、手套回收或者环保处理
2）旧轮胎环保处理
3）工具清洁归位
4）清洁车辆、扒胎机、地面

【总结及拓展训练】

通过本任务的学习，了解轮胎异常磨损的原因，掌握使用扒胎机拆装轮胎的方法。本任务与汽车运用与维修职业技能等级证书标准中的 1-2【汽车转向悬架与制动安全系统技术 - 模块】汽车车轮检查保养职业技能要求相对应，学生要勤加练习，为以后考取相应等级的职业技能等级证书打下基础。现有一辆雪佛兰科鲁兹汽车需要进行轮胎的拆装，请根据已学知识并结合该车辆具体情况，进行轮胎的拆装。

> **小提示**
> 轮胎的拆装是汽车常见维修项目，同学们在拆装过程中，一定要认真仔细，避免损坏新的配件。

任务三　轮胎的修复

【任务目标】

1. 掌握轮胎修复的方法。
2. 熟练使用轮胎补丁修复轮胎。

【任务描述】

客户王先生的别克威朗汽车在行驶过程中，轮胎被扎破导致漏气，王先生就地换上备胎，并开车来到别克 4S 店。服务顾问在询问和检查后将车辆交给维修技师，维修技师检查后发现轮胎破损不严重，不需要更换新的轮胎，只需对轮胎进行修复即可。下面讲述轮胎修复的方法。

【知识储备】

一、轮胎修补的分类

轮胎漏气是一个常见的问题，正常情况下轮胎被直径小于 0.6cm 的钉状物扎成的洞，经过规范的修补后，对轮胎的使用影响不大，但根据创面的位置、大小、形状不同，修补方案也各有差别，选择不当将导致轮胎安全性能下降。常见的补胎方法有轮胎冷补和热补，轮胎冷补不会对轮胎造成损伤，只是在伤口处贴上补贴胶片，而热补会破坏轮胎的结构，所以常用的补胎方法是冷补。

二、轮胎的补胎耗材

冷补常用胶条、冷补胶片、蘑菇钉以及补漏剂等补胎耗材，常见补胎耗材如图 5-7 所示。

| 胶条 | 冷补胶片 | 蘑菇钉 |

图 5-7　常见补胎耗材

1. 胶条

胶条的用法是使用专用锥子把涂满胶的胶条捅进轮胎破损处，保留一部分在外面。

（1）优点　不用拆分轮胎与轮辋，不用重新进行动平衡，维修非常快捷。

（2）缺点　锥捅进漏孔时会将原来的孔扩大，有可能会有慢漏气问题。胶条的优劣也会直接影响维修质量，一般不建议采用。

2. 冷补胶片

冷补胶片用法需要拆卸轮胎，在破损处里面打磨，然后涂冷补胶水，稍晾干后再贴上冷补胶片。

（1）优点　适合修补常见的洞，也是最常用的轮胎修补方法，较小孔洞建议采用。

（2）缺点　洞是从里面补，但轮胎外侧上的洞口还在，水可能从洞口浸入而破坏钢丝和帘布层。不适合较大孔洞。如果破洞大，砂石等尖锐物体可能从破洞处把胶片扎破。

3. 蘑菇钉

蘑菇钉的用法和冷补胶片相似，但在贴补同时，要把一根胶条从里面穿透到轮胎外面，把破洞彻底补实。

（1）优点　这种又贴又堵的方法非常可靠，较大孔洞建议采用。

（2）缺点　不适合补小的孔洞。

4. 补漏剂

补漏剂用来自动填补汽车轮胎渗漏部位的化学制剂。使用补漏剂只能对微小的胎面漏洞进行自动修补，是旅行途中的一种应急方法。

> **注意**
>
> 轮胎修补注意事项：
> 1）一般乘用车使用的轮胎都是子午线无内胎轮胎，行驶中即使扎了小型尖锐物只会缓慢漏气，不会立刻对行车安全产生影响，但若车辆轮胎气压下降到轮辋对轮胎接近碾压状态时，继续使用会导致胎侧损坏造成无法修补，甚至会发生交通事故。
> 2）如果胎侧被异物扎穿，视损坏程度可采用冷补胶片冷补，但修补后有起鼓现象则必须更换。
> 3）如果轮胎侧面出现了大于1cm的创口，或者胎冠被钢筋等物体扎穿，造成大漏洞的话，一般最好还是更换新轮胎，不能强调经济性而放弃安全性。

【任务实施】

一、工具设备准备

车轮、扒胎机、轮胎打磨机、轮胎修补架、冷补胶片、冷补胶水、钳子、抹布、手套和分类垃圾桶等。

扫一扫

轮胎的修复

二、任务操作过程

1. 前期准备	
1）取下车轮	2）利用肥皂水检查漏气部位
3）将轮胎中的气体排出	4）利用扒胎机取下轮胎并取出异物

2. 修复轮胎	
1）将轮胎安装在轮胎修补架上	2）打磨钉孔附近的轮胎气密层。注意：气密层只须稍微打磨，无须磨到钢丝层
3）打磨区域范围以轮胎补丁大小为准	4）用清洁剂清洁打磨区域

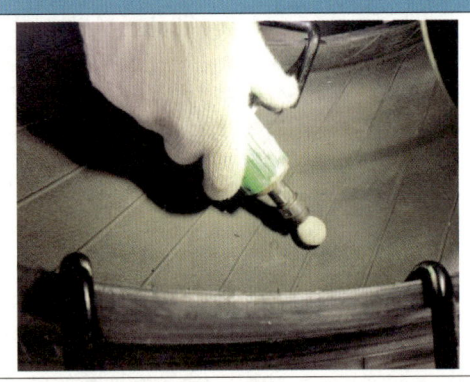

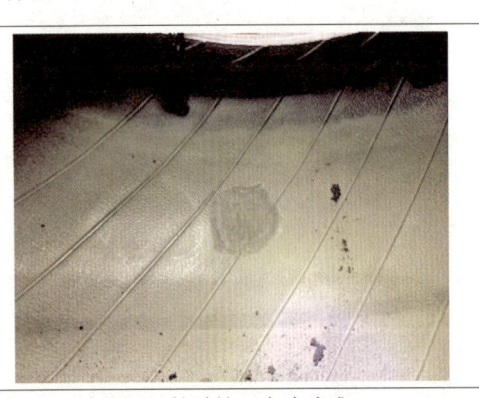

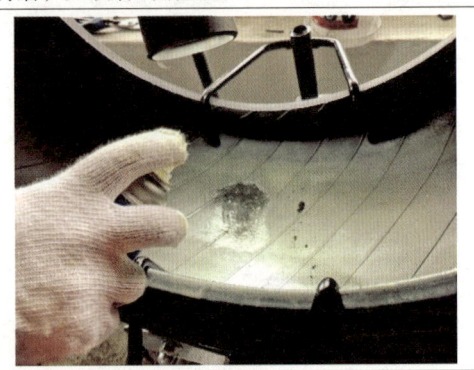

（续）

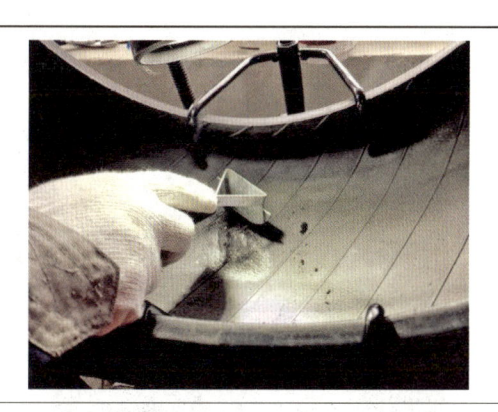 5）用刮刀将打磨区域刮平	 6）用吸尘器将打磨出的碎屑等清理干净
 7）在打磨好的气密层上涂上冷补胶水	 8）在安装冷补胶片之前，要把冷补胶片上蓝色的保护层去掉
 9）安装冷补胶片	 10）使用滚轮对安装冷补胶片的胎冠部进行滚压，使得安装冷补胶片胎冠部和气密层贴合更加紧密
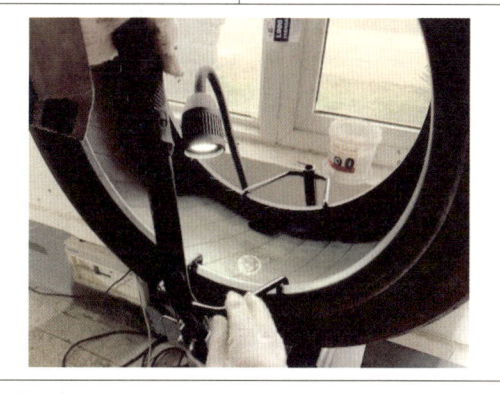 11）将轮胎从轮胎修补架上取下	

(续)

3. 安装轮胎与复检	
1）用扒胎机安装轮胎	2）安装新的气门芯
3）将轮胎充气至标准气压	4）利用肥皂水再次复检有无漏气
4. 安装车轮并紧固至规定力矩	
5. 车辆恢复及做好5S	

1）抹布、手套回收或者环保处理
2）垃圾的环保处理
3）清洁车辆、地面等

小提示

随着我国汽车工业的发展，每年产生的废旧轮胎达1亿多条，废旧轮胎处理方法通常是废旧轮胎翻新、废旧轮胎原形改制以及废旧轮胎炼油等。废旧轮胎的循环利用不仅能够缓解我国橡胶资源的匮乏问题，为经济建设节约大量资金，还可以减少"黑色污染"。

【总结及拓展训练】

通过本任务的学习，了解轮胎修复的方法，学会使用轮胎补丁修复轮胎。本任务与汽车运用与维修职业技能等级证书标准中的1-2【汽车转向悬架与制动安全系统技术-模块】汽车车轮检查保养职业技能要求相对应，学生要勤加练习，为以后考取相应等级的职业技能等级证书打下基础。现有一辆雪佛兰科鲁兹汽车需要进行轮胎的修复，请根据已学知识并结合该车辆具体情况，进行轮胎的修复。

任务四　车轮动平衡

【任务目标】

1. 了解车轮动平衡的原理。
2. 熟练掌握车轮动平衡机的使用方法。

【任务描述】

客户王先生的别克威朗汽车在高速行驶时出现车身及转向盘抖动的现象，当车速下降后故障现象消失。王先生开车来到别克 4S 店，服务顾问在询问和检查后将车辆交给维修技师，维修技师根据《维修手册》要求对该车辆进行车轮动平衡的检查。下面讲述车轮动平衡的相关知识和车轮动平衡检查的流程。

【知识储备】

一、动平衡、静平衡的定义

不平衡的产生是由于在轮毂与轮胎的生产和使用过程中产生的重点导致的，这些重点的存在就是导致行驶中车身与转向盘抖动的原因，不平衡分为静不平衡和动不平衡。

1. 静不平衡

当车轮存在一个相对重点的时候，静不平衡就产生了，静不平衡即使在车轮静止时也一直存在。图 5-8 所示就是静不平衡的情况。

2. 动不平衡

一般把车轮在对角线上存在重点的情况称为动不平衡，如果对角线上两个重点的质量相同，则在中心线上的静不平衡为零，但动不平衡仍然存在。图 5-9 所示就是动不平衡的情况。

二、消除不平衡导致的振动

1. 消除静不平衡对车轮的影响

一台车轮平衡机，会把车轮在中间线上分为两个平面，在此两个平面的基础上进行平衡。图 5-10 所示的车轮有 40g 的静不平衡值，则应使用两个 20g 铅块在其对角位置的两个平面上消除其影响。

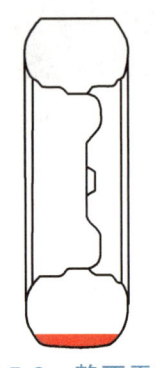

图 5-8 静不平衡 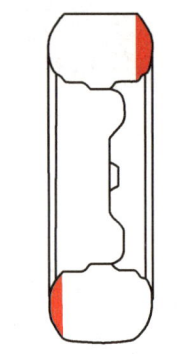　　图 5-9 动不平衡

2. 消除动不平衡对车轮的影响

在把车轮分成两个平面的基础上，可以把动不平衡也分到两个平面上，用于平衡的平衡块也按照每个平面的动不平衡值来确定。图 5-11 的车轮，左侧动不平衡值为 25g，则使用 25g 铅块在其对角位置安装，右侧动不平衡值为 30g，则使用 30g 铅块在其对角位置安装，消除动不平衡对车轮的影响。

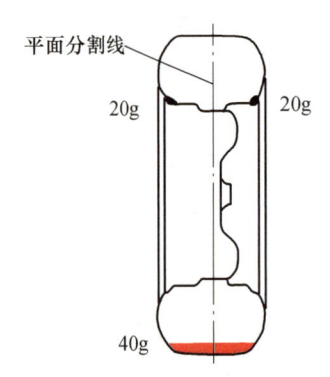

图 5-10 消除静不平衡 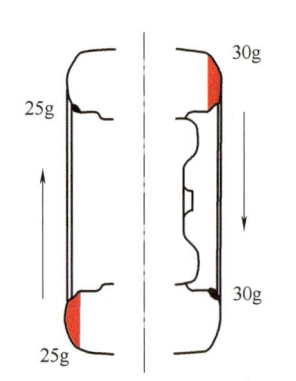　　图 5-11 消除动不平衡

> **注意**
> 车轮动平衡机使用注意事项：
> 1）操作前清除轮胎上的泥土、杂物等。
> 2）取下车轮轮辋上的旧平衡块。
> 3）检查轮胎气压是否为轮胎标准气压。
> 4）清洁动平衡机的主轴和车轮总成锁紧锥套。
> 5）接通电源，使主机预热。
> 6）按下起动按钮，动平衡机主轴旋转后应在 15s 内自动制动。制动后，指示灯应显示合格标志，此时表示仪器正常。

扫一扫
车轮动平衡

【任务实施】

一、工具设备准备

车轮、车轮动平衡机、平衡块、抹布、手套和分类垃圾桶等。

二、任务操作过程

1. 前期准备

1) 取下车轮

2) 清洁轮胎

3) 取下车轮轮辋上的旧平衡块

4) 检查轮胎气压，确保在标准范围内

2. 安装及测量参数录入

1) 将车轮套装在动平衡机主轴上

2) 用锥套和专用车轮锁紧扳手将车轮固定在主轴上并锁紧

3) 用测量标尺测出动平衡机距车轮轮辋距离 a

4) 录入参数 a

（续）

5）用测量卡钳测量轮辋宽度 b	6）录入参数 b
7）读取轮辋直径 d	8）录入参数 d
3. 测量不平衡量并修正	
1）盖下防护罩，按下起动按钮，轮胎开始转动	2）当动平衡机自动制动后，抬起防护罩，观察显示仪上显示的数值
3）用手转动轮胎，当显示仪上左侧红灯全部亮时停止转动	4）在轮辋左侧安装相应数值平衡块

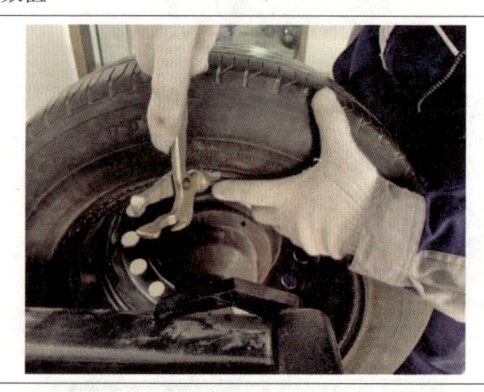

（续）

 5）用手转动轮胎，当显示仪上右侧红灯全部亮时停止转动	 6）在轮辋右侧安装相应数值的平衡块

4. 复检	
 1）安装好平衡块后放下防护罩，按下起动按钮，再次测量，显示仪两边显示数值的误差在规定范围内，一般误差值在 5g 以内，车轮即达到动平衡要求	 2）松开车轮锁紧扳手，拆除锥套
 3）取下车轮	 4）切断电源

5. 车辆恢复及做好 5S	

1）清洁车轮动平衡机
2）抹布、手套回收或者环保处理
3）旧平衡块环保处理
4）清洁车辆、地面

【总结及拓展训练】

> **小提示**
> 通过在轮胎上加金属块能使轮胎整体质量分布均匀，防止轮胎偏磨，延长轮胎使用寿命。而金属块只有几十克，如果加装不准确，可能导致行车事故，所以不能让小隐患酿成大事故。

通过本任务的学习，了解车轮动平衡的原理，掌握车轮平衡机的使用方法。本任务与汽车运用与维修职业技能等级证书标准中的 1-2【汽车转向悬架与制动安全系统技术 - 模块】汽车车轮检查保养职业技能要求相对应，学生要勤加练习，为以后考取相应等级的职业技能等级证书打下基础。现有一辆雪佛兰科鲁兹汽车在高速行驶时出现车身及转向盘抖动的现象，当车速下降后故障现象消失，需要进行车轮动平衡检查，请根据已学知识并结合该车辆具体情况，进行车轮动平衡检查。

任务五　车轮定位

【任务目标】

1. 了解车轮定位的概念和作用。
2. 熟练掌握车轮定位仪的使用方法。

【任务描述】

客户王先生的别克威朗汽车在行驶过程中出现跑偏现象，王先生开车来到别克 4S 店。服务顾问在询问和检查后将车辆交给维修技师，维修技师检查后发现轮胎异常磨损，需进行车轮定位。下面讲述车轮定位的相关知识和车轮定位的流程。

【知识储备】

一、车轮定位的概念

车轮定位角度是指悬架系统和各活动机件间的相对角度，保持正确的车轮定位角度可确保车辆直线行驶，改善车辆的转向性能，确保转向系统自动回正，避免轴承因受力不当而受损失去精度，还可以保证轮胎与地面紧密接合，减少轮胎磨损、悬架系统磨损以及降低油耗等。

汽车悬架系统主要定位角度包括车轮外倾角、车轮前束值、主销后倾角和主销内倾角。

1. 车轮外倾角

从车前方看，轮胎中心线与垂直线所成的角度称为车轮外倾角，向外为正，向内为负，如图5-12所示。其角度的不同能改变轮胎与地面的接触点，直接影响轮胎的磨损状况。车轮外倾角改变了车重在车轴上的受力分布，避免轴承产生异常磨损。此外，外倾角的存在可用来抵消车身载重后，悬架系统机件变形所产生的角度变化。外倾角的存在也会影响车的行进方向，因此左右轮的外倾角必须相等，这样在受力互相平衡的情况下才不致影响车辆的直线行驶。外倾角与车轮前束配合，能使车轮直线行驶并避免轮胎磨损不均。车轮定位仪测量车轮外倾角的范围为 –10°~10°。

2. 车轮前束值

以同一轴两端车轮轮辋内侧轮廓线的水平直径的端点为等腰梯形的顶点，则等腰梯形前后底边长度之差称为车轮前束值，如图5-13所示。

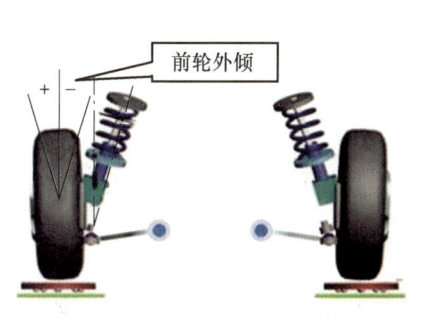

图5-12 车轮外倾角

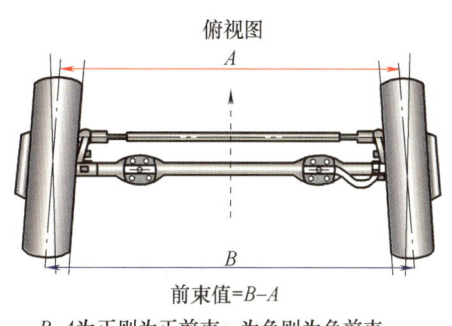

图5-13 车轮前束值

当梯形前底边小于后底边时，前束值为正，反之则为负。车轮的水平直径与车辆纵向对称平面之间的夹角称为前束角。由于车轮外倾及路面阻力使前轮有向两侧张开做滚锥运动的趋势，但受车轴约束，不能向外滚动，导致车轮边滚边滑，增加了磨损，通过前束可使车轮在每瞬间的滚动方向都接近于正前方，减轻了轮毂外轴承的压力和轮胎的磨损。车轮定位仪测量车轮前束角的范围为 –6°~6°。

3. 主销后倾角

过车轮中心的铅垂线和真实或假想的转向主销轴线在车辆纵向对称平面的投影线所夹锐角称为主销后倾角，向前为负，向后为正，如图5-14所示。

主销后倾角的存在可使车轮转向轴线与路面的交点在轮胎接地点的前方，可利用路面对轮胎的阻力产生绕主销轴线的回正力矩，该力矩的方向正好与车轮偏转方向相反，能使车辆保持直线行驶。后倾角越大车辆的直线行驶性越好，转向后转向盘的回复性也越好，但主销后倾角过大会使转向变得沉重，驾驶人容易疲劳；主销后倾角过小，当汽车直线行驶时，容易发生前轮摆振，转向盘摇摆不定，转向后转向盘自动回正能力变弱，驾驶人会失去路感；当左右轮主销后倾角不等时，车辆直线行驶时会引起跑偏,驾驶人不敢放松转向盘,难于操纵或极易引起驾驶人疲劳。车轮定位仪测量主销后倾角的范围为 –15°~15°。

4. 主销内倾角

在同时垂直于车辆纵向对称平面和车辆支承平面的平面内,由真实或假想的转向主销的轴线在该平面上的投影与车辆支承平面的垂线所构成的锐角称为主销内倾角,如图 5-15 所示。

主销内倾角的作用,是使车轮在受外力作用偏离直线行驶时,前轮会在重力作用下自动回正。另外,主销内倾角还可减少前轮传至转向机构上的冲击,并使转向轻便,但内倾角不宜过大,否则在转向时,会使轮胎磨损加快。主销内倾角越大前轮自动回正的作用就越强烈,但转向时也越费力,轮胎磨损增大;反之,角度越小前轮自动回正的作用就越弱。车轮定位仪测量主销内倾角的范围为 –20°~20°。

图 5-14　主销后倾角　　　　图 5-15　主销内倾角

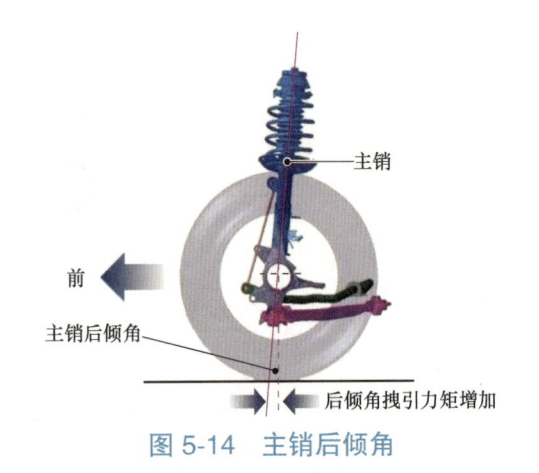

二、车轮定位的作用

车轮定位对汽车的正常行驶起着十分重要的作用,汽车行驶一段时间后,由于某些原因,会出现轮胎异常磨损、转向盘发沉、车辆跑偏、油耗增加等现象,而这些现象都有可能导致车辆性能下降。要消除这些现象,确保车辆行驶的稳定性,最有效的方法就是进行车轮定位,它不仅能确保汽车的正常行驶,还能延长轮胎的使用寿命,并能降低油耗。

三、车轮定位的主要影响因素

1)在不平的路面上高速行驶。

2)前轮受外力冲击、驶上台阶等。

3)经常在原地将转向盘转到极限。

4)轮胎气压超出标准范围。

【任务实施】

一、工具设备准备

实训车辆、车轮定位仪、子母大剪举升机、抹布、手套、车轮挡块、举升机垫块和分类垃圾桶等。

二、任务操作过程

1. 前期准备	
1）安装车轮挡块	2）检查转角盘锁销
3）检查滑板锁销	4）安装车内三件套
5）转向盘解锁并检查转向盘是否在正中位置	6）检查仪表板燃油箱油位显示并记录

（续）

7）检查载荷是否符合定位测量要求	
8）检查并记录车辆信息	9）检查并记录轮胎信息
10）检查轮胎型号是否符合车辆铭牌要求	11）检查轮胎气压
12）检查并记录车身高度	13）在定位仪中选择正确车型数据

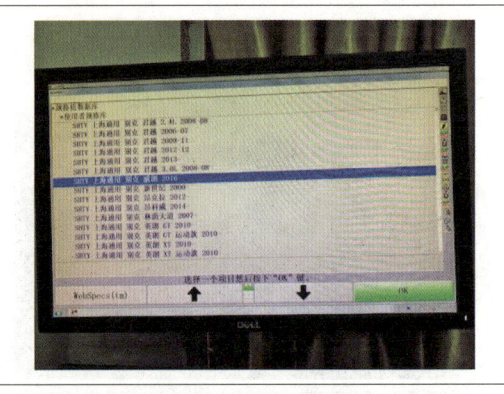

（续）

2. 车轮定位检测	
 1）将变速杆置于N位并释放驻车制动	 2）放置二次举升支撑垫块
 3）车轮离开举升机充分悬空后落锁	 4）检查两前轮轴承和悬架是否松旷
 5）检查轮胎和轮辋是否有裂纹、损坏或异常磨损	 6）测量并记录四轮胎花纹深度
 7）大剪举升至合适位置后落锁并检查后减振器和弹簧	 8）检查后桥

（续）

9）检查后悬架锁闩连杆和中心枢轴球节	
10）检查转向横拉杆	11）检查转向球头
12）检查万向节	13）检查前控制臂、球节
14）检查前控制臂衬套	

（续）

（续）

 15）检查前稳定杆	 16）将前悬架连接螺母紧固至规定力矩
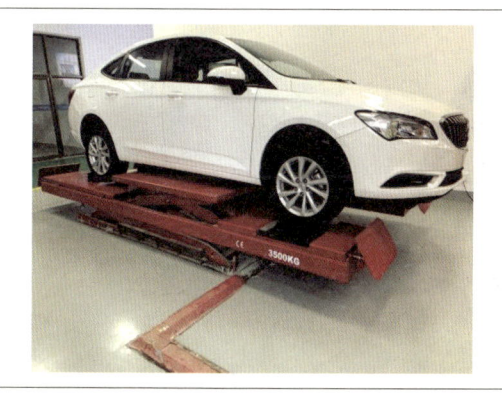 17）降下大剪至合适位置落锁	 18）拔出转角盘锁销
 19）举升机小剪缓慢回落	 20）移除车轮挡块
 21）前后按压车身数次，使车辆悬架复位	 22）将车辆向后推离转盘

（续）

23）插上转角盘锁销

24）向前推动车辆使前轮停在转角盘中心位置

25）安装车轮定位仪卡具和标板

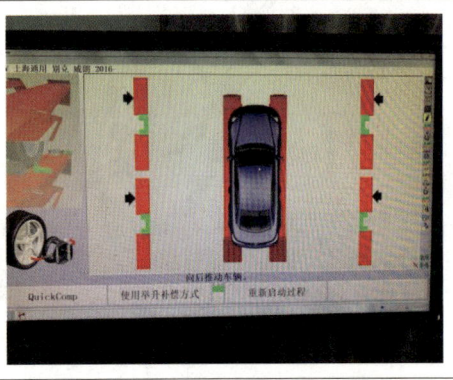

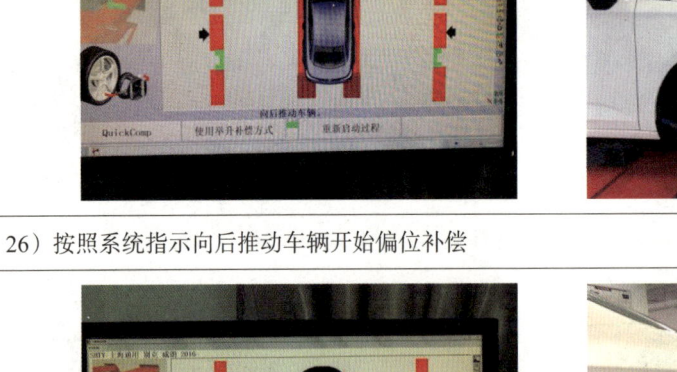

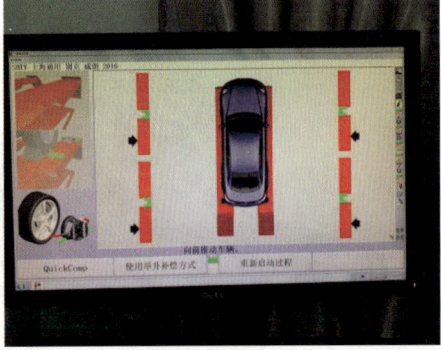

26）按照系统指示向后推动车辆开始偏位补偿

27）按照系统指示向前推动车辆完成偏位补偿

项目五　轮胎检查维护与车轮定位

（续）

28）实施驻车制动并用制动锁顶住制动踏板	29）拔出转角盘锁销并取下垫板
30）拔出滑板锁销	31）按照系统指示将转向盘对中
32）按照系统指示分别向左、右 20° 转向操作	33）按照系统指示将车轮方向对中后使用转向盘锁锁定转向盘

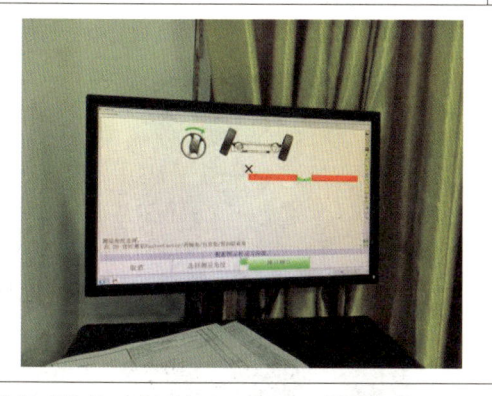

125

（续）

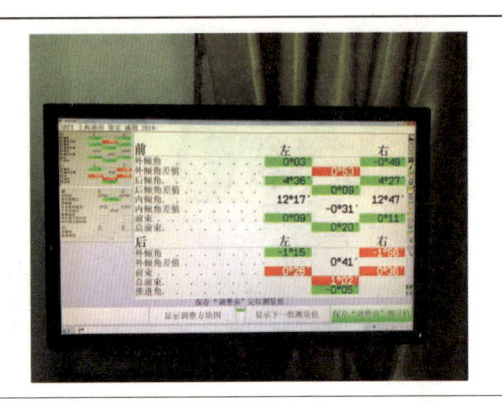

34）按照《维修手册》要求确定数据是否合格	35）举升大剪至合适位置
36）调整前束值	

3. 检测与调整

1）降下大剪	2）拆除车轮定位仪卡具和标板
3）拆除转向盘锁和制动锁	4）举升小剪

（续）

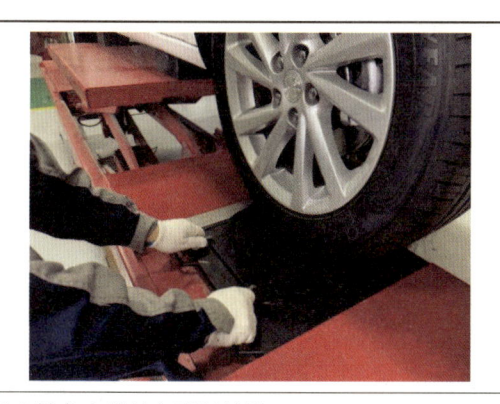

5）插入转角盘锁销与滑板锁销

4. 车辆恢复及做好 5S

1）车内三件套环保处理
2）抹布、手套回收处理
3）回收举升机垫块并归位
4）扭力扳手归零、工具清洁归位
5）清洁车辆、地面

【总结及拓展训练】

通过本任务的学习，了解车轮定位的概念和作用，掌握车轮定位仪的使用方法。本任务与汽车运用与维修职业技能等级证书标准中的 1-2【汽车转向悬架与制动安全系统技术 - 模块】车轮四轮定位检查职业技能要求相对应，学生要勤加练习，为以后考取相应等级的职业技能等级证书打下基础。现有一辆雪佛兰科鲁兹汽车由于跑偏需要进行车轮定位，请根据已学知识并结合该车辆具体情况，进行车轮定位操作。

> 小提示
> 车轮通过定位，保持了汽车直线行驶的稳定性，同学们要想在未来取得成就，也要树立正确的世界观、人生观、价值观，这样才能让人生"不跑偏"。

练 一 练

一、填空题

1. 轮胎的主要尺寸有_____、_____、_____、_____、_____和_____等。
2. 常见的冷补方法有_____、_____、_____和_____。
3. 汽车悬架系统主要定位角度包括：_____、_____、_____和_____。

二、简答题

1. 简述轿车轮胎规格代号 195/55 R16 85 V 的含义。

2. 简述轮胎的使用和管理中应注意的事项。

3. 简述扒胎机安全操作规程。

4. 简述动平衡、静平衡的定义。

项目六　汽车制动系统检查与维护

【项目描述】

本项目介绍汽车制动系统的基本知识，包括液压系统的磨损与泄漏检查、制动液的加注与排气、盘式制动器的检查与测量等。通过本项目的学习，学生可以对汽车制动系统有简单认识，掌握制动系统的检查、盘式制动器和制动片的检查和更换等基本操作，为本课程的学习打好基础。

任务一　液压系统磨损与泄漏的检查

【任务目标】

1. 了解汽车制动系统的组成、作用及工作原理。
2. 了解制动液泄漏的原因。
3. 熟练掌握制动液泄漏的检查方法。

【任务描述】

客户王先生的别克威朗汽车在行驶过程中制动系统报警，王先生开车来到别克4S店。服务顾问在询问和检查后将车辆交给维修技师，维修技师对该车制动系统进行检查，发现制动液储液罐液位异常，维修人员初步判断该车制动系统存在泄漏。下面讲述汽车制动系统相关知识和制动液泄漏检查的流程。

【知识储备】

一、汽车液压制动系统的组成

汽车液压制动系统主要由制动踏板、真空助力泵、制动总泵（也称为制动主缸）、制动液（也称为刹车油）、制动油管、制动分泵（也称为制动轮缸）和制动片等组成，如图 6-1 所示。

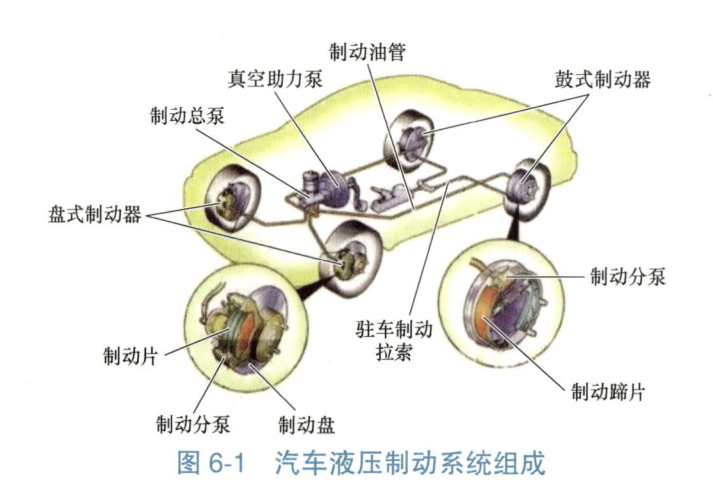

图 6-1 汽车液压制动系统组成

二、汽车液压制动系统的布置形式

汽车液压制动系统制动管路的布置有三种形式，如图 6-2 所示。轿车常用交叉布置式，这样当一条管路发生泄漏时，另一条管路仍起制动作用，并且制动力也较为均衡，可有效避免制动跑偏。

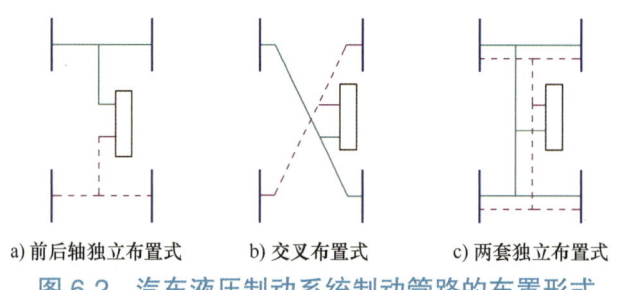

a) 前后轴独立布置式　　b) 交叉布置式　　c) 两套独立布置式

图 6-2 汽车液压制动系统制动管路的布置形式

三、汽车液压制动系统的工作原理

制动总泵、制动液、制动分泵和制动油管内充满制动液（也称为刹车油），它们组成一个封闭的压力传递系统，液压制动系统的工作原理如图 6-3 所示。

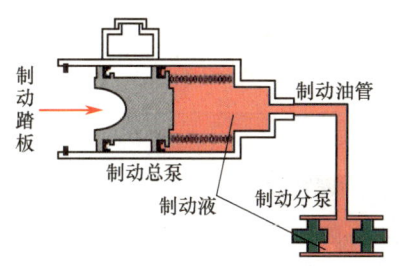

图 6-3 液压制动系统的工作原理

当踩下制动踏板时，制动总泵的活塞向前移，制动总泵内制动液的压力升高，制动液通过制动油管进入各车轮的制动分泵，推动制动分泵的活塞外张，实现脚踩制动踏板的力向车轮制动器的传递，推动车轮制动器实施制动。

当松开制动踏板时，制动总泵活塞在油压和回位弹簧作用下回位，制动分泵活塞和车轮制动器回位，解除对车轮的制动。

四、检查制动液是否泄漏方法

起动发动机后让汽车发动机空转，使传动轴处于"空档"位置，踩下制动踏板并保持踩踏力不变，在用力不变的情况下，如果踏板慢慢地落下，则说明液压制动系统可能有泄漏，进行目视检查，以确认是否存在泄漏。

目视检查方法：

1）检查制动总泵储液罐内液面位置，正常的摩擦片磨损会导致储液罐内的液面轻微下降。如果储液罐液位异常降低，会导致制动警告灯亮，这表明液压系统可能存在内部或外部的泄漏。

2）检查制动油管和制动软管连接处是否有泄漏，如果存在泄漏，检查紧固件的紧固力矩，或更换制动油管和制动软管。

3）检查连接制动器的元件是否损坏，如有必要，重装或更换连接制动器的元件。检查制动钳和制动分泵的保护罩是否泄漏，如确有泄漏，必要时重装或更换这些元件。

【任务实施】

一、工具设备准备

实训车辆、世达 120 件套装工具、扭力扳手、车内三件套、车外三件套和废气抽排装置等。

二、任务操作过程

1. 前期准备

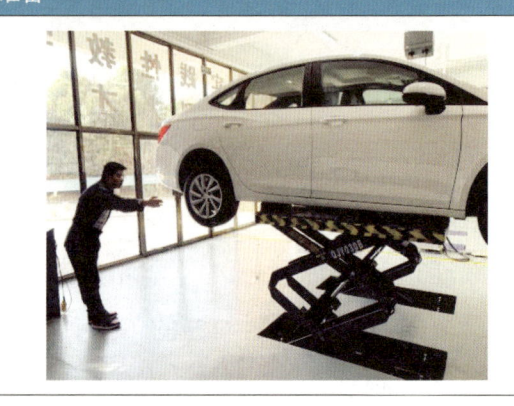

1）安装举升机垫块

2）举升车辆至合适高度

2. 液压系统磨损与泄漏检查

1）制动液位检查，使用手电筒检查制动液液位

2）检查制动管路，戴上手套，使用头灯及手电筒检查4个车轮上的排放口、软管、中间连接管路、固定管卡等损坏及泄漏情况

3）检查前制动分泵及管路

4）检查后制动分泵及管路

3. 车辆恢复及做好5S

1）抹布、手套回收处理
2）回收举升机垫块并归位
3）扭力扳手归零、工具清洁归位
4）清洁车辆、地面

【总结及拓展训练】

通过本任务的学习，了解汽车制动系统的组成、作用及工作原理，掌握制动液泄漏的原因及检查方法。本任务与汽车运用与维修职业技能等级证书标准中的 1-2【汽车转向悬架与制动安全系统技术-模块】液压系统检查保养职业技能要求相对应，学生要勤加练习，为以后考取相应等级的职业技能等级证书打下基础。现有一辆雪佛兰科鲁兹汽车制动液低位报警，请根据已学知识并结合该车辆具体情况，进行液压系统磨损与泄漏检查。

> **小提示**
> 油液的滴漏一般是轻微的，而安全事故的发生往往也是量的积累的结果，防微杜渐是预防事故发生的有效途径。

任务二　制动液的加注与排气

【任务目标】

1. 了解制动液的作用与类型。
2. 熟练掌握制动液的加注和排气。

【任务描述】

客户王先生的别克威朗汽车在行驶过程中制动效果不佳，王先生开车来到别克4S店。服务顾问在询问和检查后得知该车已经行驶了50000km，一直没有更换过制动液，服务顾问将车辆交给维修技师，维修技师对该车制动系统进行检查后决定更换制动液。下面讲述制动液的相关知识和制动液的更换流程。

【知识储备】

一、制动液的作用

制动液是液压制动系统中传递制动压力的液态介质，使用在采用液压制动系统的车辆中，它作为一个力传递的介质，是制动系统中不可缺少的部分，如图6-4所示。

汽车制动时，制动液工作压力一般为2MPa，高的可达4~5MPa。因为液体有不可压缩的特性，在密封的容器或充满液体的管路中，当液体受到压

图6-4　制动液

力时，便会很快地、均匀地把压力传导至液体的各个部分，汽车液压制动系统便是利用液压原理完成制动力的传递。

二、制动液的类型

（1）蓖麻油-醇型　该制动液由精制的蓖麻油（45%~55%）和低碳醇（乙醇或丁醇）（55%~45%）调配而成，经沉淀变为无色或浅黄色清澈透明的液体，也称为醇型制动液。蓖麻油加乙醇为醇型 1 号，蓖麻油加丁醇为醇型 3 号，醇型制动液的优点是原料容易得到、合成工艺简单、产品润滑性好，缺点是沸点低、低温时性质不稳定。

（2）合成型　该制动液用醚、醇、酯等掺入润滑剂、抗氧化剂、防锈剂和抗橡胶溶胀剂等添加剂制成。

（3）矿油型　该制动液用精制的轻柴油馏分加入稠化剂和其他添加剂制成。

三、制动液的性能要求

1）黏温性好、凝固点低、低温流动性好。
2）沸点高，高温下不产生气阻。
3）使用过程中品质变化小，不引起金属件和橡胶件的腐蚀和变质。

【任务实施】

一、工具设备准备

实训车辆、世达 120 件套装工具、扭力扳手、车内三件套、车外三件套、工具车、废气抽排装置、新制动液、举升机垫块、制动钳活塞复位工具和博世 KT720 解码器等。

二、任务操作过程

1. 前期准备	
1）打开发动机舱盖	2）安装车内三件套与车外三件套

（续）

 3）打开制动液储液罐盖	 4）举升车辆至适当高度
2. 排放制动液	
 1）拔出制动分泵排气阀盖，拧松放气螺栓	 2）反复地将制动踏板踩到底，直至制动液完全排出
 3）打开制动分泵排气阀。反复地将制动踏板踩到底，直至制动液完全排出后关闭制动分泵排气阀	 4）重复步骤1）、2）、3）直至将所有的制动液完全排出

（续）

3. 添加新的制动液	
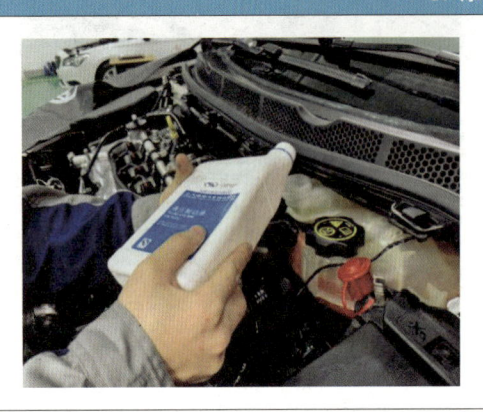 1）添加新的制动液至制动总泵储液罐。确保油液被加注至最大刻度位置	 2）反复多次地踩踏制动踏板，后缓慢地将制动踏板踩到底，并在踏板上保持稳定的压力
 3）将制动分泵排气阀打开，以便从部件打开的孔口处排出空气	 4）将制动分泵排气阀关闭，然后缓慢地松开制动踏板

5）等待15s，然后重复2）、3）、4）步骤，直到从制动分泵排气阀端口处排出所有空气（即放气装置不再放出气泡）

6）重复以上步骤至4个车轮所有制动分泵处排出所有空气。在排气过程中需要确保制动总泵储液罐始终注至最满位置

（续）

7）在完成最后一个车轮制动分泵放气程序后，确保4个车轮液压回路放气阀都被正确紧固。等待约30s，然后检查整个液压制动系统，确保不存在制动液外部泄漏

8）使用故障诊断仪，执行防抱死制动系统自动排气程序，以清除制动压力调节阀中可能夹带的所有空气

4. 更换后检查

1）降下车辆并安装废气抽排装置

2）起动发动机。踩下制动踏板至其行程约2/3处。缓慢释放制动踏板。等待15s，然后再次踩下制动踏板至其行程约2/3处，直到制动踏板坚实，这将使制动钳活塞和制动片正确就位

3）检查制动主缸储液罐中的液位，将制动主缸储液罐加注到最高液位
4）总泵储液罐加注

（续）

5. 车辆恢复及做好 5S

1）车内三件套环保处理
2）抹布、手套回收处理
3）关闭发动机舱盖，拆除废气抽排装置
4）拔下车辆钥匙，回收举升机垫块并归位
5）旧制动液环保处理
6）扭力扳手归零、工具清洁归位
7）清洁车辆、地面

【总结及拓展训练】

> **小提示**
> 汽车制动液的加注需要团队协作完成，团队协作需要在相互信任的基础上具备无私奉献的精神，同学们在以后的工作中，要发挥团队协作精神，达到"一加一大于二"的效果。

通过本任务的学习，了解制动液的作用与类型，掌握制动液的更换方法。本任务与汽车运用与维修职业技能等级证书标准中的 1-2【汽车转向悬架与制动安全系统技术 - 模块】液压系统检查保养职业技能要求相对应，学生要勤加练习，为以后考取相应等级的职业技能等级证书打下基础。现有一辆雪佛兰科鲁兹汽车需要更换制动液，请根据已学知识并结合该车辆具体情况，进行制动液更换。

任务三　盘式制动器的检查与测量

【任务目标】

1. 了解制动盘的作用。
2. 熟练掌握制动盘的检查与测量。

【任务描述】

客户王先生的别克威朗汽车在行驶过程中制动效果不佳，王先生开车来到别克 4S 店。服务顾问在询问和检查后得知该车已经行驶了 80000km，一直没有更换过制动盘或制动片，服务顾问将车辆交给维修技师，维修技师对该车制动系统进行检查后决定更换制动盘及制动片。下面讲述盘式制动器的相关知识和制动盘及制动片的更换流程。

【知识储备】

一、盘式制动器的构造及工作原理

1. 盘式制动器的构造

盘式制动器总成主要由活塞总成、杠杆总成、半月轴承、半月轴承座、钳体、钳体桥、滑销、托架、制动片总成、手调总成及滑销保护套、滑销盖、螺栓、油封等辅助件组成。在钳体内腔中依次装有半月轴承座、半月轴承、杠杆总成、活塞总成，活塞总成中活塞支架通过螺栓连接到钳体上，安装完成后，手调总成的弹簧即被压缩一定距离，在其弹力作用下，推杆端面、圆柱销表面、杠杆、半月轴承、半月轴承座、钳体依次紧贴；钳体与钳体桥分别套到对应侧的滑销上后，用螺栓将它们连接起来，使得钳体与钳体桥能一起在滑销上相对托架滑动；整体推盘与钳体桥内侧平面分别对着两个制动片，两个制动片分置于制动盘两侧，在托架与压板的限位作用下，只允许有沿制动器轴向的运动（即靠近或远离制动盘的方向）；托架用螺栓固定在转向节上，为制动器的固定元件。盘式制动器构造如图 6-5 所示。

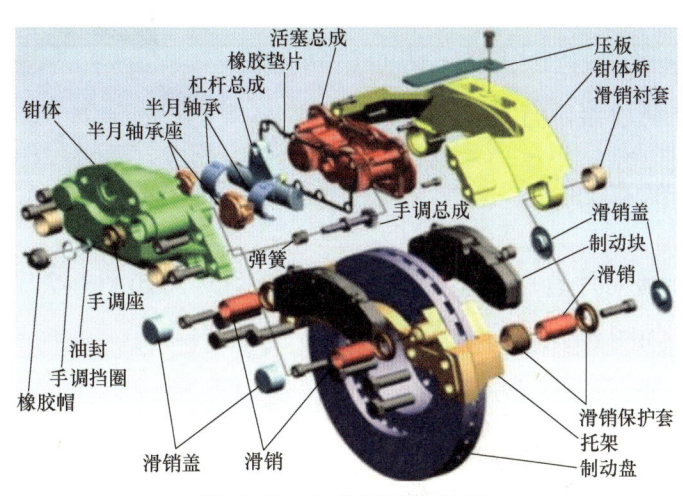

图 6-5 盘式制动器构造

2. 盘式制动器的工作原理

驾驶人踩下制动踏板后，活塞总成中的活塞、整体推盘运动，从而推动钳体侧的制动片向制动盘靠近；同时，圆柱销也受到推杆的反作用力，该力使半月轴承、半月轴承座向左运动，进而带动钳体、活塞支架、钳体桥一起移动（钳体与钳体桥能在滑销上相对托架滑动），使得钳体桥侧的制动片在钳体桥的推动下靠近钳体桥侧的制动片。在上述两个运动共同作用下，两个制动片同时靠近并压紧随轮毂高速旋转的制动盘，通过制动片与制动盘之间的摩擦力产生制动力矩。

当驾驶人松开制动踏板后，制动器中产生制动力矩的一系列力随之消失。在前述制动过程中，随着推杆与活塞支架的相向运动，手调总成中的弹簧被压缩，其推力消失后，该弹簧的弹力将释放。此过程中，手调压板和活塞支架在弹簧的弹力作用下，向相反方向运动。手调压板的运动推动推杆移动，进而带动活塞、整体推盘移动，松开整体推盘侧的制动片上的压力，制动力解除；活塞支架在弹簧的弹力作用下向右运动，进而带动钳体、钳体桥移动，松开钳体桥侧的制动片上的压力，制动力随之解除。在上述过程中，推杆与半月轴承（随钳体运动）相对运动，从而将偏离制动初始位置的圆柱销推回原位，杠杆总成亦随之转动到制动初始位置。

二、制动片的作用

制动片（俗称刹车片），在汽车制动系统中，制动片是最关键的安全零件，制动效果的好坏，制动片起着决定性的作用。制动片一般由金属衬垫、黏结隔热层和摩擦块构成，其中隔热层是由不传热的材料组成，目的是隔热。摩擦块是由摩擦材料、黏合剂组成，制动时被挤压在制动盘或制动鼓上产生摩擦，从而达到车辆减速制动的目的，制动器位置如图 6-6 所示。

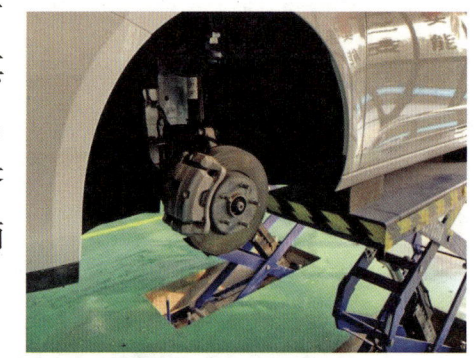

图 6-6 制动器位置

三、制动片的分类

按应用分类，制动片有用于盘式制动器的制动片，如图 6-7a 所示；有用于鼓式制动器的制动片，如图 6-7b 所示。

a) 盘式制动片 　　　　b) 鼓式制动片

图 6-7 制动片

按摩擦材料组成分类，主要分为：石棉制动片、半金属制动片、少金属制动片、NAO 配方制动片、陶瓷制动片和 NAO 陶瓷制动片等。

如果长时间不更换制动片，不仅制动盘可能会因直接接触金属衬垫而报废，还容易导致制动失效。如果不小心使用了劣质制动片，制动时会造成噪声很大、制动距离较长、制动盘磨损较快等问题，粘接处还容易出现裂纹甚至断裂从而导致制动失效，造成交通事故。

四、制动盘的作用

制动盘（俗称刹车盘）是一个金属圆盘，它用合金钢制造并固定在车轮上，随车轮转动，如图 6-8 所示。车辆行驶过程中踩制动踏板时，制动钳夹住制动盘起到减速或者停车的作用。一般制动盘上有圆孔，其作用是散热、减轻重量和增加摩擦力。制动盘种类繁多，不同种类制动盘在盘径、盘片厚度及两片间隙尺寸上存在差异，盘毂的厚度和高度也各不相同。

图 6-8　制动盘

五、盘式制动器的优点

1）一般无摩擦助势作用，因而制动器效能受摩擦因数的影响较小，即效能较稳定。

2）进水后效能降低较少，而且只需经一两次制动即可恢复正常。

3）在输出制动力矩相同的情况下，尺寸和质量比鼓式制动器小。

4）制动盘沿厚度方向的热膨胀量极小，不会像制动鼓那样使制动器间隙明显增加而导致制动踏板行程过大。

5）较容易实现间隙自动调整，其他维护修理作业也比较简单。

【任务实施】

一、工具设备准备

别克威朗实训车辆、世达 120 件套装工具、S 钩、扭力扳手、车内三件套、车外三件套、工具车、废气抽排装置、新制动盘、新制动片、分类垃圾桶、举升机垫块、制动钳活塞复位工具、游标卡尺和高温硅酮润滑剂等。

扫一扫

盘式制动器的检查与测量

二、任务操作过程

1. 前期准备

1）安装车内三件套，包括转向盘套、座椅套、地板垫

2）打开发动机舱盖，安装车外三件套，包括左右翼子板布，前格栅布

3）检查制动总泵储液罐中的液位，如果制动液液位高于最满标记或低于最低允许液位，则在开始前应将制动液排出至中间位置

4）安装举升机垫块

5）举升车辆至适当高度

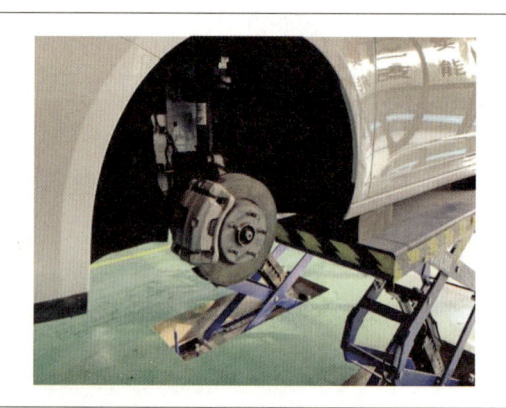

6）拆卸轮胎

（续）

2. 拆卸制动钳、制动钳托架与制动片	
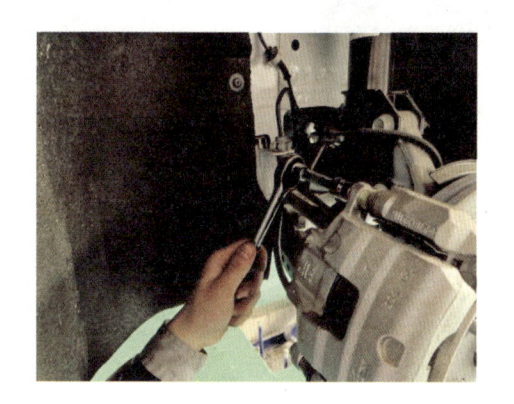 1）拆卸制动钳导销螺栓并移除前制动钳	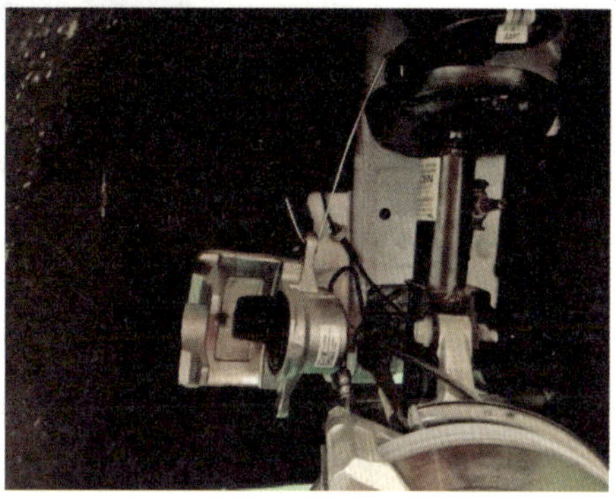 2）利用 S 钩将制动钳支撑
 3）将盘式制动器制动钳活塞推至制动钳孔内，使用专用制动钳活塞复位工具	 4）取下制动片
 5）制动片弹簧移除	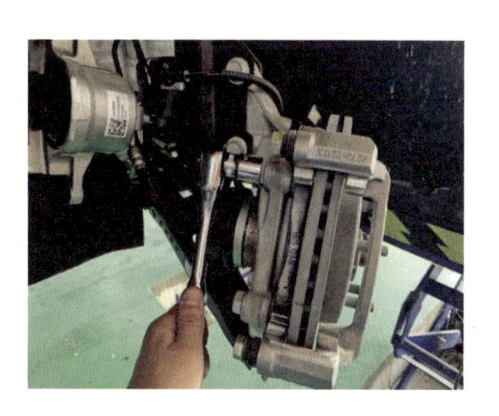 6）拆卸制动钳托架固定螺栓

注意

不可从制动钳上断开制动软管，无论制动钳已从其支座上分离，还是仍连接着液压挠性制动软管，都要用粗钢丝或同等工具支承住制动钳。若不这样支承制动钳，会使挠性制动软管承受制动钳重量，导致制动软管损坏，从而可能使制动液泄漏。

（续）

7）将制动钳托架拆下

3. 检查与测量

> **注意**
> 在检查导销时，在支架孔内，里外移动导销，但不能使其滑动到脱离护套的位置，并查看是否有以下状况：
> ①制动钳导销移动受限。
> ②制动钳安装托架松动。
> ③制动钳导销卡死或卡滞。
> ④护套开裂或破损。
> 如果发现上述任何状况，则需要更换制动钳导销和护套。

1）彻底清除制动钳托架上的制动片构件接合面处的所有碎屑

2）检查前制动钳导销是否自由移动，并检查导销护套的状况

3）使用游标卡尺在多个点处测量制动片厚度
4）将制动片厚度与盘式制动器部件规格比较。新的不带制动衬片的制动片厚度为 11.4mm，不带制动衬片的制动片的报废厚度为磨损到 2mm

（续）

4. 更换制动盘	
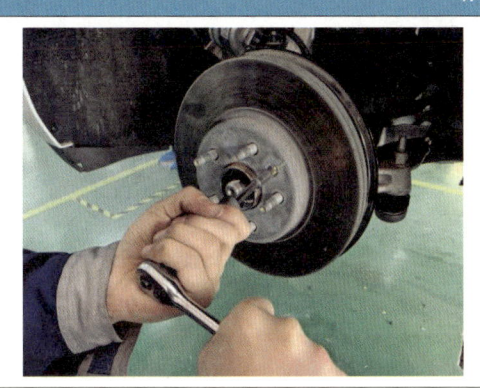 1）拆卸前制动盘固定螺栓	 2）拆下前制动盘
 3）彻底清理轮毂与车桥法兰盘接合面上的锈蚀或腐蚀物	 4）彻底清理制动盘接合面和安装面上的锈蚀或腐蚀物
 5）检查轮毂/车桥法兰和制动盘的接合面 注意：确保没有异物或碎屑	 6）安装前制动盘
 7）安装前制动盘固定螺栓并紧固至 9N·m	

(续)

5. 安装制动钳与制动钳托架	
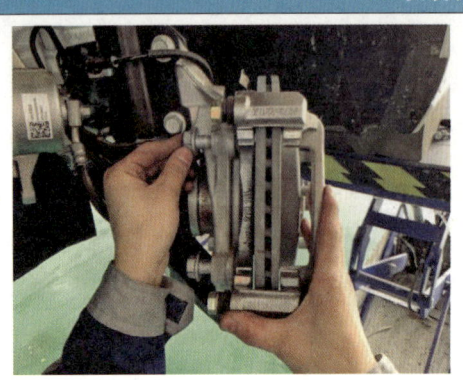 1）安装前制动钳托架	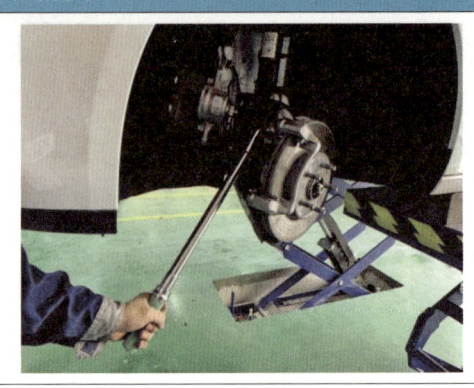 2）安装并紧固制动钳托架螺栓（第一次紧固至150N·m）
 3）安装并紧固制动钳托架螺栓（第二次紧固45°~60°）	 4）安装制动片弹簧，在制动片固定件上涂上一薄层高温硅酮润滑剂
 5）安装制动片	 6）安装制动钳并紧固制动钳导销螺栓至36N·m
 7）安装轮胎	

项目六　汽车制动系统检查与维护

（续）

6. 更换后检查	
 1）降下车辆并安装废气抽排装置	 2）起动发动机。踩下制动踏板至其行程约2/3处。缓慢释放制动踏板。等待15s，然后再次踩下制动踏板至其行程约2/3处，直到制动踏板坚实。这将使制动钳活塞和制动片正确就位
3）检查制动总泵储液罐中的液位，将制动总泵储液罐加注到最高液位	
7. 车辆恢复及做好5S	
1）车内三件套环保处理 2）抹布、手套回收处理 3）关闭发动机舱盖，拆除废气抽排装置 4）拔下车辆钥匙，关门，锁门，回收举升机垫块并归位 5）旧制动盘环保处理 6）扭力扳手归零、工具清洁归位 7）清洁车辆、地面	

【总结及拓展训练】

通过本任务的学习，了解制动盘及制动片的作用和分类，掌握制动盘及制动片的更换方法。本任务与汽车运用与维修职业技能等级证书标准中的1-2【汽车转向悬架与制动安全系统技术-模块】盘式制动器检查保养职业技能要求相对应，学生要勤加练习，为以后考取相应等级的职业技能等级证书打下基础。现在有一辆雪佛兰科鲁兹汽车需要更换制动盘及制动片，请根据已学知识并结合该车辆具体情况，进行制动盘及制动片更换。

> **小提示**
>
> 目前我国是全球最大的汽车市场，同时我国在汽车软件、自动驾驶等新技术方面处于领先地位，但是我国汽车工业起步较晚。一些关键核心技术还受制于人。青年是祖国未来建设的主力军，同学们要增强社会责任感，提高实践创新能力。

练一练

一、填空题

1. 制动液的类型主要有_____、_____、_____。
2. 按应用分类,制动片有_____、_____。
3. 按摩擦材料组成分类,制动片有_____、_____、_____、_____、_____、_____。

二、简答题

1. 简述如何检查制动液是否泄漏。

2. 简述制动液的性能要求。

3. 简述制动片拆装的步骤。

4. 简述制动盘及制动片的作用。

参考文献

[1] 刘冬生,陈崇月,荆红伟. 汽车底盘构造与检修[M]. 北京:机械工业出版社,2017.
[2] 王春风,李超,韩仕军. 汽车底盘构造与维修一体化教材[M]. 上海:同济大学出版社,2018.

汽车底盘构造与检修
任务工单及考核评价
（书证融通版）

班级：＿＿＿＿＿＿
姓名：＿＿＿＿＿＿
学号：＿＿＿＿＿＿

机械工业出版社

目 录

项目一 安全工作 ··· 1

任务工单一　举升机操作 ·· 1
考核评价一　举升机操作 ·· 2
任务工单二　维修车辆准备 ·· 3
考核评价二　维修车辆准备 ·· 4

项目二 汽车传动系统检查与维护 ································· 5

任务工单一　离合器的检查与维护 ·· 5
考核评价一　离合器的检查与维护 ·· 6
任务工单二　手动变速器的检查与维护 ·· 7
考核评价二　手动变速器的检查与维护 ·· 9
任务工单三　自动变速器的检查与维护 ······································ 10
考核评价三　自动变速器的检查与维护 ······································ 12
任务工单四　万向传动装置的检查与维护 ·································· 13
考核评价四　万向传动装置的检查与维护 ·································· 14

项目三 汽车转向系统检查与维护 ······ 15

任务工单一 转向系统油液泄漏与机械结构的检查 ······ 15
考核评价一 ······ 16
任务工单二 动力转向系统油液泄漏的检查与更换 ······ 17
考核评价二 ······ 18
任务工单三 动力转向助力泵传动带的检查 ······ 19
考核评价三 ······ 20

项目四 汽车悬架系统检查与维护 ······ 21

任务工单一 悬架系统的检查 ······ 21
考核评价一 ······ 22
任务工单二 减振器的检查与更换 ······ 23
考核评价二 ······ 24

项目五 轮胎检查维护与车轮定位 ······ 25

任务工单一 轮胎的检查与换位 ······ 25
考核评价一 ······ 26
任务工单二 轮胎的拆装 ······ 27
考核评价二 ······ 28
任务工单三 轮胎的修复 ······ 29
考核评价三 ······ 30
任务工单四 车轮动平衡 ······ 31
考核评价四 ······ 32

任务工单五　车轮定位 ………………………………………………33
考核评价五　车轮定位 ………………………………………………34

项目六　汽车制动系统检查与维护 …………………………………38

任务工单一　液压系统磨损与泄漏的检查 …………………………38
考核评价一　液压系统磨损与泄漏的检查 …………………………39
任务工单二　制动液的加注与排气 …………………………………40
考核评价二　制动液的加注与排气 …………………………………41
任务工单三　盘式制动器的检查与测量 ……………………………42
考核评价三　盘式制动器的检查与测量 ……………………………43

项目一 安全工作

任务工单一 举升机操作

操作时间:　　　　分钟

组长初评:合格□ 不合格□　　　　教师复评:合格□ 不合格□

一、举升机信息记录

品牌		举升机型号		生产年月	
维护是否正常		解锁方式	气动□ 电动□ 水平情况		正常□ 异常□
其他补充问题					

二、举升机操作

操作项目	操作结果	操作项目	操作结果
检查车辆位置	正常□ 异常□	安装垫块	正常□ 异常□
一次举升检查	正常□ 异常□	检查垫块	正常□ 异常□
二次举升检查	正常□ 异常□	锁止举升机	正常□ 异常□
车辆下降情况	正常□ 异常□	举升机回位情况	正常□ 异常□

三、查询举升机《维修手册》或者《说明书》

维护项目	维护时间	维护周期

考核评价一　举升机操作

序号	操作步骤	操作要点及规范	配分	得分
1	检查车辆停放位置	检查车辆停放前后位置是否正确（5分），检查车辆左右停放位置是否正确（5分）	10分	
2	安装举升机垫块	安装4个举升机垫块，检查位置是否正确（每个垫块2.5分）；没有安装垫块扣举升车辆扣本项所有分数	10分	
3	一次举升车辆	稍稍举升（不接触到车），接触到汽车底部扣5分	10分	
4	检查垫块	检查垫块位置，检查垫块前后内外位置是否在举升位置（5分），垫块是否覆盖汽车举升标记（5分）	10分	
5	二次举升车辆	检查4个车轮是否刚离开地面，4个车轮应全部离开地面10cm左右（10分）；离开过低过高扣10分	10分	
6	安全检查车辆	前部按压晃动车辆（5分），后部按压晃动车辆（5分）	10分	
7	举升车辆到合适高度	确定周围安全（5分），上升过程中观察水平上升情况（5分）	10分	
8	锁止举升机	检查左侧举升锁止情况（5分），检查右侧举升锁止情况（5分）；没有锁止直接操作扣10分及时停止操作	10分	
9	下降车辆	确定周围安全（5分），观察气压值是否高于400kPa（2分），水平下降车辆（3分）	10分	
10	垫块回收归位	垫块回收（2分），垫块放置指定位置（3分）	5分	
11	车辆恢复及做好5S	关闭举升机电源（1分），车辆清洁（2分），场地清洁（1分），工单填写（1分）	5分	
		总分　100分		

任务工单二 维修车辆准备

操作时间： 分钟　　组长初评：合格□ 不合格□　　教师复评：合格□ 不合格□

一、车辆信息记录

品牌		整车型号		生产年月	
发动机型号		发动机排量		行驶里程	
车辆识别码					

二、维修车辆准备

检查项目	检查情况	异常部件名称	维修措施
机油液位检查	泄漏□ 正常□		更换□ 调整□ 无□
防冻液液位及冷却系统管路的检查	泄漏□ 正常□		更换□ 调整□ 无□
制动液液位检查	泄漏□ 正常□		更换□ 调整□ 无□
玻璃水液位检查	泄漏□ 正常□		更换□ 调整□ 无□
蓄电池电压检查	异常□ 正常□		更换□ 调整□ 无□
轮胎气压检查	异常□ 正常□		更换□ 调整□ 无□
驻车制动检查	异常□ 正常□		更换□ 调整□ 无□
安全带检查	异常□ 正常□		更换□ 调整□ 无□

考核评价二 维修车辆准备

序号	操作步骤	操作要点及规范	配分	得分
1	车辆信息记录	车辆品牌、整车型号、生产年月、发动机型号、发动机排量、行驶里程查找填写正确（各1分），车辆识别码查找填写正确（4分）	10分	
2	前期准备	正确安装车轮挡块（1分），正确安装废气抽排装置（1分），正确安装车内三件套（1分），正确打开发动机舱盖（1分），正确安装发动机保护垫（1分）	5分	
3	机油液位检查	正确检查机油液位（20分）；检查机油液位时，油尺倾斜45°扣5分，检查机油液位时机油滴落扣5分，未能正确读出机油液位数值扣10分	20分	
4	防冻液液位及冷却系统管路的检查	正确检查冷却液液位及冷却系统管路（20分）；未正确读出冷却液液位扣10分，检查液位时拧松散热器盖时未使用毛巾做防护扣10分	20分	
5	制动液液位检查	正确检查制动液液位（5分）	5分	
6	玻璃水液位检查	正确检查玻璃水液位（5分）	5分	
7	蓄电池电压检查	正确测量蓄电池静态电压（10分）；万用表未校零扣2分，万用表档位选择不正确扣3分，测量时造成万用表损坏扣5分	10分	
8	轮胎气压检查	正确参照车辆铭牌上的标准气压（5分），正确使用气压表检查轮胎气压（5分）	10分	
9	驻车制动检查	正确检查驻车制动（5分）	5分	
10	安全带检查	正确检查安全带（5分）	5分	
11	车辆恢复及做好5S	关闭举升机电源（1分），车辆清洁（2分），场地清洁（2分）	5分	

总分 100分

项目一 安全工作

任务工单一 举升机操作

操作时间：　　　　分钟　　　组长初评：合格□ 不合格□　　教师复评：合格□ 不合格□

一、举升机信息记录

品牌		举升机型号		生产年月	
维护是否正常		解锁方式	气动□ 电动□	水平情况	正常□ 异常□
其他补充问题					

二、举升机操作

操作项目	操作结果	操作项目	操作结果
检查车辆位置	正常□ 异常□	安装垫块	正常□ 异常□
一次举升检查	正常□ 异常□	检查垫块	正常□ 异常□
二次举升检查	正常□ 异常□	锁止举升机	正常□ 异常□
车辆下降情况	正常□ 异常□	举升机回位情况	正常□ 异常□

三、查询举升机《维修手册》或者《说明书》

维护时间	维护周期	维护项目

考核评价一 举升机操作

序号	操作步骤	操作要点及规范	配分	得分
1	检查车辆停放位置	检查车辆停放前后位置是否正确（5分），检查车辆左右停放位置是否正确（5分）	10分	
2	安装举升机垫块	安装4个举升机垫块，检查位置是否正确（每个垫块2.5分）；没有安装垫块举升车辆扣本项所有分数	10分	
3	一次举升车辆	稍稍举升（不接触到车），接触到汽车底部扣5分	10分	
4	检查垫块	检查垫块位置，检查垫块前后内外位置是否在举升位置（5分），垫块是否覆盖汽车举升标记（5分）	10分	
5	二次举升车辆	检查4个车轮是否刚离开地面，4个车轮应全部离开地面10cm左右（10分）；离开过低过高扣10分	10分	
6	安全检查车辆	前部按压晃动车辆（5分），后部按压晃动车辆（5分）	10分	
7	举升车辆到合适高度	确定周围安全（5分），上升过程中观察水平上升情况（5分）	10分	
8	锁止举升机	检查左侧举升锁止情况（5分），检查右侧举升锁止情况（5分）；没有锁止直接操作扣10分并及时停止操作	10分	
9	下降车辆	确定周围安全（5分），观察气压值是否高于400kPa（2分），水平下降车辆（3分）	10分	
10	垫块回收归位	垫块回收（2分），垫块放置指定位置（3分）	5分	
11	车辆恢复及做好5S	关闭举升机电源（1分），车辆清洁（2分），场地清洁（1分），工单填写（1分）	5分	
		总分 100分		

任务工单二 维修车辆准备

操作时间：　　　分钟　　　组长初评：合格☐ 不合格☐　　　教师复评：合格☐ 不合格☐

一、车辆信息记录

品牌		发动机型号		生产年月	
车辆识别码		整车型号		行驶里程	
		发动机排量			

二、维修车辆准备

检查项目	检查情况	异常部件名称	维修措施
机油液位检查	泄漏☐ 正常☐		更换☐ 调整☐ 无☐
防冻液液位及冷却系统管路的检查	泄漏☐ 正常☐		更换☐ 调整☐ 无☐
制动液液位检查	泄漏☐ 正常☐		更换☐ 调整☐ 无☐
玻璃水液位检查	泄漏☐ 正常☐		更换☐ 调整☐ 无☐
蓄电池电压检查	异常☐ 正常☐		更换☐ 调整☐ 无☐
轮胎气压检查	异常☐ 正常☐		更换☐ 调整☐ 无☐
驻车制动检查	异常☐ 正常☐		更换☐ 调整☐ 无☐
安全带检查	异常☐ 正常☐		更换☐ 调整☐ 无☐

- 3 -

考核评价二 维修车辆准备

序号	操作步骤	操作要点及规范	配分	得分
1	车辆信息记录	车辆品牌、整车型号、生产年月、发动机型号、发动机排量、行驶里程查找填写正确（各1分），车辆识别代码查找填写正确（4分）	10分	
2	前期准备	正确安装车轮挡块（1分），正确安装废气抽排装置（1分），正确安装车内三件套（1分），正确打开发动机舱盖（1分），正确安装发动机保护垫（1分）	5分	
3	机油液位检查	正确检查机油液位（20分）；检查机油液位时，油尺倾斜45°扣5分，检查机油液位时机油滴落扣5分，未能正确读出机油液位数值扣10分	20分	
4	防冻液液位及冷却系统管路的检查	正确检查冷却液液位及冷却系统管路（20分）；检查液位时若拧松散热器盖时未使用毛巾做防护扣10分，未正确读出冷却液液位扣10分	20分	
5	制动液液位检查	正确检查制动液液位（5分）	5分	
6	玻璃水液位检查	正确检查玻璃水液位（5分）	5分	
7	蓄电池电压检查	正确测量蓄电池静态电压（10分）；万用表未校零扣2分，万用表档位选择不正确扣3分，测量时造成万用表损坏扣5分	10分	
8	轮胎气压检查	正确参照车辆铭牌上的标准气压（5分），正确使用气压表检查轮胎气压（5分）	10分	
9	驻车制动检查	正确检查驻车制动（5分）	5分	
10	安全带检查	正确检查安全带（5分）	5分	
11	车辆恢复及做好5S	关闭举升机电源（1分），车辆清洁（2分），场地清洁（2分）	5分	

总分 100分

项目二 汽车传动系统检查与维护

任务工单一 离合器的检查与维护

操作时间：_____分钟　　组长初评：合格□　不合格□　　教师复评：合格□　不合格□

一、车辆信息记录

品牌		整车型号		生产年月	
发动机型号		发动机排量		行驶里程	
车辆识别码					

二、查询《用户手册》完成离合器的更换维护项目里程及周期

作业项目	维修资料	数据查询
离合器的更换	维护里程及周期	

三、检查离合器三件套

检查项目	检查结果	检查项目	检查结果
离合器摩擦片磨损情况	正常□　异常□	离合器分离轴承磨损情况	正常□　异常□
离合器摩擦片厚度	正常□　异常□	制动液储液罐液面高度	正常□　异常□
压盘平面度	正常□　异常□		
飞轮情况	正常□　异常□		

四、拆装离合器总成，并对实测值进行判定

作业项目	实测值	标准数据	判定	维修措施
离合器踏板自由行程			正常□　异常□	更换□　修整□　无□
压盘平面度			正常□　异常□	更换□　修整□　无□
				更换□　修整□　无□

五、查询《维修手册》，按照标准流程完成离合器的更换

作业项目	维修资料	判定
压盘固定螺母紧固力矩	离合器踏板拖滑情况	正常□　异常□

考核评价一 离合器的检查与维护

序号	操作步骤	操作要点及规范	配分	得分
1	车辆信息记录	车辆品牌、整车型号、生产年月、发动机型号、发动机排量、行驶里程填写正确（各1分），车辆识别码查找、填写正确（4分）	10分	
2	前期准备	正确安装车轮挡块（1分），正确安装废气抽排装置（1分），正确安装车内三件套（1分），正确打开发动机舱盖（1分），正确安装发动机保护垫（1分）	5分	
3	制动液液位检查	正确检查制动液液位（5分）	5分	
4	离合器自由行程检查	记录踏板最高位置（5分），记录感到明显阻力时离合器踏板高度（5分），计算自由行程的数值（5分）	15分	
5	拆卸离合器固定螺栓	按五角星顺序正确拆卸离合器固定螺栓（5分）	5分	
6	安装新的离合器从动盘	正确使用专用工具安装新的离合器从动盘（20分）	20分	
7	测量离合器压盘平面度	正确测量离合器压盘平面度（10分）	10分	
8	测量离合器摩擦片厚度	正确测量离合器摩擦片厚度（10分）	10分	
9	安装离合器总成	以五角星顺序按照《维修手册》要求力矩安装离合器固定螺母（15分）	15分	
11	车辆恢复及做好5S	关闭举升机电源（1分），车辆清洁（2分），场地清洁（2分）	5分	

总分 100分

任务工单二 手动变速器的检查与维护

操作时间： 分钟　　组长初评：合格□ 不合格□　　教师复评：合格□ 不合格□

一、车辆信息记录

品牌		整车型号		生产年月	
发动机型号		发动机排量		行驶里程	
车辆识别码					

二、查询《用户手册》完成手动变速器油更换维护项目里程及周期

作业项目	维护里程及周期
手动变速器油的更换	

三、手动变速器泄漏情况

作业项目	作业结果	泄漏部件名称	维修措施
手动变速器油液泄漏情况检查	正常□ 异常□		更换□ 调整□ 紧固□ 无□

四、查阅《维修手册》，按照标准流程完成手动变速器油的更换

作业项目		维修资料	作业项目		维修资料
手动变速器油更换	手动变速器油容量		手动变速器油的更换	手动变速器油型号	
	放油螺塞紧固规格			加注螺塞紧固规格	
	新手动变速器油加注量			变速器类型	

(续)

五、手动变速器档位检查

档位	仪表档位指示灯检查情况	变速杆档位指示灯检查情况	档位功能判断
1档	正常□ 异常□	正常□ 异常□	正常□ 异常□
2档	正常□ 异常□	正常□ 异常□	正常□ 异常□
3档	正常□ 异常□	正常□ 异常□	正常□ 异常□
4档	正常□ 异常□	正常□ 异常□	正常□ 异常□
5档	正常□ 异常□	正常□ 异常□	正常□ 异常□
倒档	正常□ 异常□	正常□ 异常□	正常□ 异常□
空档	正常□ 异常□	正常□ 异常□	正常□ 异常□

考核评价二　手动变速器的检查与维护

序号	操作步骤	操作要点及规范	配分	得分
1	车辆信息记录	车辆品牌、整车型号、生产年月、发动机型号、发动机排量、行驶里程填写正确（各1分），车辆识别码查找、填写正确（4分）	10分	
2	前期准备	安装车内三件套（4分），安装举升机垫块（2分），举升车辆至适当高度（4分）	10分	
3	手动变速器油的排放	按正确方法排放手动变速器油（35分）	35分	
4	手动变速器油的加注	按正确方法加注手动变速器油（35分）	35分	
5	车辆恢复及做好5S	关闭举升机电源（2分），车辆清洁（4分），场地清洁（4分）	10分	

总分　100分

任务工单三 自动变速器的检查与维护

操作时间：　　　分钟

组长初评：合格□ 不合格□　　　教师复评：合格□ 不合格□

一、车辆信息记录

品牌		整车型号		生产年月	
发动机型号		发动机排量		行驶里程	
车辆识别码					

二、查询《用户手册》完成自动变速器油更换维护项目里程及周期

作业项目	维修资料
自动变速器油的更换	维护里程及周期

三、自动变速器油泄漏情况

作业项目	作业结果	泄漏部件名称	维修措施
自动变速器油液泄漏情况检查	正常□ 异常□		更换□ 调整□ 紧固□ 无□

四、自动变速器油液检查

检查项目	液位检查情况	检查结果	维修资料	检测项目	检测数据	检测结果
自动变速器油液泄漏情况检查	太低□ 太高□ 无□	正常□ 异常□		自动变速器油油质		正常□ 异常□

五、查阅《维修手册》，按照标准流程完成自动变速器油的更换

作业项目	作业项目	维修资料
自动变速器油更换	自动变速器油容量	自动变速器油型号
	放油螺塞紧固规格	自动变速器类型

（续）

六、自动变速器档位检查

档位	仪表档位指示灯检查情况	变速杆档位指示灯检查情况	档位功能判断
P 位	正常□ 异常□	正常□ 异常□	正常□ 异常□
R 位	正常□ 异常□	正常□ 异常□	正常□ 异常□
N 位	正常□ 异常□	正常□ 异常□	正常□ 异常□
D 位	正常□ 异常□	正常□ 异常□	正常□ 异常□

考核评价三 自动变速器的检查与维护

序号	操作步骤	操作要点及规范	配分	得分
1	车辆信息记录	车辆品牌、整车型号、生产年月、发动机型号、发动机排量、行驶里程填写正确（各1分），车辆识别码查找、填写正确（4分）	10分	
2	前期准备	安装车内三件套（4分），安装举升机垫块（2分），举升车辆至适当高度（4分）	10分	
3	自动变速器油的排放	拆下放油螺栓，将自动变速器油排入废油回收装置（5分），检查收集的自动变速器油是否有杂质或其他金属颗粒物（5分），安装放油螺栓并紧固至12N·m（5分）	15分	
4	自动变速器油的加注	拆下自动变速器通风软管和加注口盖（5分） 查阅《维修手册》，选择适量的新自动变速器油加注（5分） 安装加注口盖和通风软管（5分）	15分	
5	油位检查及调整	起动发动机，踩下制动踏板并将变速杆挂到每个档位各停顿3s，然后挂回P位（5分） 急速运转发动机至少3min，从而使油液泡沫消散，油位稳定。（5分）松开制动踏板，保持发动机运行，通过驾驶人信息中心或者故障诊断仪观察自动变速器油温度（注：检查液位时，车辆水平停放，发动机必须处于运行状态且变速杆位于P位）（10分） 举升车辆，在怠速运行时，拆下油位螺塞，将自动变速器的排放至油液回收装置（注：如果油液稳定流出，则等待直至油液每秒滴出一次后固。如果没有油液流出，则加注油液直至油液孔塞中每秒滴出一次）（5分） 降下车辆，拆下自动变速器通风软管和加注口盖（5分） 使车辆急速运行，通过加注口盖孔加注油液，直至油从油位孔塞中流出。等待直至油液仅从油位孔塞中每秒滴出一次（5分）安装自动变速器油加注口盖和通风软管。举升车辆。安装油位螺塞并紧固至12N·m（5分）	40分	
6	车辆恢复及做好5S	关闭举升机电源（2分），车辆清洁（4分），场地清洁（4分）	10分	
		总分 100分		

任务工单四 万向传动装置的检查与维护

操作时间：   分钟   组长初评：合格□ 不合格□   教师复评：合格□ 不合格□

一、车辆信息记录

品牌		整车型号		生产年月	
发动机型号		发动机排量		行驶里程	
车辆识别码					

二、传动轴、万向节检查

检查项目	检查情况	异常部件名称	维修措施
检查传动轴	异常□ 正常□		更换□ 调整□ 紧固□ 无□
检查内外球笼防尘罩	异常□ 正常□		更换□ 调整□ 紧固□ 无□
检查内外球笼是否松旷	异常□ 正常□		更换□ 调整□ 紧固□ 无□
检查万向节	异常□ 正常□		更换□ 调整□ 紧固□ 无□

考核评价四 万向传动装置的检查与维护

序号	操作步骤	操作要点及规范	配分	得分
1	车辆信息记录	车辆品牌、整车型号、生产年月、发动机型号、发动机排量、行驶里程填写正确（各1分），车辆识别码查找、填写正确（4分）	10分	
2	前期准备	安装车内三件套（4分），安装举升机垫块（2分），举升车辆至适当高度（4分）	10分	
3	传动轴、万向节检查	正确检查传动轴是否松旷（10分）、凹陷（10分）或有裂纹（10分）	70分	
		正确检查左侧内外球笼防尘罩（10分）		
		正确检查右侧内外球笼防尘罩（10分）		
		正确检查两侧内外球笼是否松旷（10分）		
		正确检查各万向节状态（10分）		
4	车辆恢复及做好5S	关闭举升机电源（2分），车辆清洁（4分），场地清洁（4分）	10分	
		总分 100分		

项目三 汽车转向系统检查与维护

任务工单一 转向系统油液泄漏与机械结构的检查

操作时间：　　　　分钟　　　　组长初评：合格□ 不合格□　　　　教师复评：合格□ 不合格□

一、车辆信息记录

品牌		整车型号		生产年月	
发动机型号		发动机排量		行驶里程	
车辆识别码					

二、转向系统油液泄露检查

检查项目	检查泄漏情况	泄漏部件名称	维修措施
储液罐外壳	泄漏□ 正常□		更换□ 调整□ 紧固□ 无□
储液罐连接处	泄漏□ 正常□		更换□ 调整□ 紧固□ 无□
转向连接杆连接处漏油检查	泄漏□ 正常□		更换□ 调整□ 紧固□ 无□
液压管路连接点	泄漏□ 正常□		更换□ 调整□ 紧固□ 无□

三、转向系统机械结构的检查

检查项目	检查泄漏情况	泄漏部件名称	维修措施
转向连接杆防尘罩	异常□ 正常□		更换□ 调整□ 紧固□ 无□
软管裂纹、老化损坏检查	异常□ 正常□		更换□ 调整□ 紧固□ 无□
万向节检查	异常□ 正常□		更换□ 调整□ 紧固□ 无□
液体管路支承座检查	异常□ 正常□		更换□ 调整□ 紧固□ 无□
前束调整螺母检查	异常□ 正常□		更换□ 调整□ 紧固□ 无□
转向横拉杆球头检查	异常□ 正常□		更换□ 调整□ 紧固□ 无□

考核评价一 转向系统油液泄漏与机械结构的检查

序号	操作步骤	操作要点及规范	配分	得分
1	车辆信息记录	车辆品牌、整车型号、生产年月、发动机型号、发动机排量、行驶里程填写正确（各1分），车辆识别码查找、填写正确（4分）	10分	
2	前期准备	正确安装车轮挡块（1分），正确安装废气抽排装置（1分），正确安装车内三件套（1分），正确打开发动机舱盖（1分），正确安装发动机保护垫（1分）	5分	
3	转向系统油液泄漏检查	正确检查储液罐外壳破损或泄漏情况（10分） 正确检查储液罐连接处泄漏情况（10分） 正确检查转向连杆连接处漏油情况（10分） 正确检查液压管路和各连接点情况（10分） 正确检查软管裂纹、老化损坏情况（10分）	50分	
4	转向系统机械结构的检查	正确检查转向连杆防尘罩破损情况（5分） 正确检查液压管路和各连接点情况（5分） 正确检查万向节情况（5分） 正确检查液压管路支承座情况（5分） 正确检查前束调整螺母（5分） 正确检查转向横拉杆球头情况（5分）	30分	
5	车辆恢复及做好5S	关闭举升机电源（1分），车辆清洁（2分），场地清洁（2分）	5分	
		总分 100分		

任务工单二 动力转向系统油液的检查与更换

操作时间： 分钟 组长初评：合格□ 不合格□ 教师复评：合格□ 不合格□

一、车辆信息记录

品牌		整车型号		生产年月	
发动机型号		发动机排量		行驶里程	
车辆识别码					

二、动力转向系统的液位检查

检查项目	记录
查询动力转向油型号	
动力转向油液位检查	动力转向油检查

三、动力转向系统油液更换

检查项目	检查结果	处理措施
抽取旧动力转向油	正常□ 异常□	
添加新动力转向油	正常□ 异常□	
动力转向系统排气	正常□ 异常□	

考核评价二 动力转向系统油液的检查与更换

序号	操作步骤	操作要点及规范	配分	得分
1	车辆信息记录	车辆品牌、整车型号、生产年月、发动机型号、发动机排量、行驶里程填写正确（各1分），车辆识别码查找、填写正确（4分）	10分	
2	前期准备	正确安装车轮挡块（2分），正确安装废气抽排装置（2分），正确安装车内三件套（2分），正确打开发动机舱盖（2分），正确安装发动机保护垫（2分）	10分	
3	旧动力转向油检查	确认动力转向油是否有泡沫或浑油（5分），转向盘复位并观察液面（5分）	10分	
4	旧动力转向油排放	正确使用真空抽液壶（10分） 正确记录旧动力转向油量（10分） 正确左右转转向盘3~5次，抽旧油（10分）	30分	
5	新动力转向油添加	向油壶内加注新动力转向油至规定刻度（10分）	10分	
6	动力转向系统排气与复查	正确方法排空气（10分），检查液位是否达到标准，若不足则添加油液至标准液位（10分）	20分	
7	车辆恢复及做好5S	关闭举升机电源（1分），车辆清洁（2分），场地清洁（2分）	10分	

总分 100分

任务工单三 动力转向助力泵传动带的检查

操作时间： 分钟

组长初评：合格□ 不合格□　　　教师复评：合格□ 不合格□

一、车辆信息记录

品牌		整车型号		生产年月	
发动机型号		发动机排量		行驶里程	
车辆识别码					

二、查询《用户手册》完成动力转向助力泵传动带的检查项目里程及周期

作业项目	维护里程及周期	维修资料
传动带的更换		

三、传动带检查

检查项目	检查结果	处理措施
磨损情况	正常□ 异常□	更换□ 调整□ 无□
传动带张紧力	正常□ 异常□	更换□ 调整□ 紧固□ 无□

考核评价三 动力转向助力泵传动带的检查

序号	操作步骤	操作要点及规范	配分	得分
1	车辆信息记录	车辆品牌、整车型号、生产年月、发动机型号、发动机排量、行驶里程填写正确（各1分），车辆识别码查找、填写正确（4分）	10分	
2	前期准备	正确安装车轮挡块（2分），正确安装废气抽排装置（2分），正确安装车内三件套（2分），正确打开发动机舱盖（2分），正确安装发动机保护垫（2分）	10分	
3	检查传动带工作情况	检查传动带磨损情况（35分）检查传动带张紧力（35分）	70分	
4	车辆恢复及做好5S	关闭举升机电源（2分），车辆清洁（4分），场地清洁（4分）	10分	
		总分 100分		

项目四 汽车悬架系统检查与维护

任务工单一 悬架系统的检查

操作时间： 分钟

组长初评：合格□ 不合格□　　　教师复评：合格□ 不合格□

一、车辆信息记录

品牌		整车型号		生产年月	
发动机型号		发动机排量		行驶里程	
车辆识别码					

二、悬架系统检查

检查项目	检查情况	异常部件名称	维修措施
前悬架减振器弹簧变形检查	正常□ 异常□		更换□ 调整□ 紧固□ 无□
前悬架减振器漏油检查	正常□ 异常□		更换□ 调整□ 紧固□ 无□
后悬架减振器弹簧变形检查	正常□ 异常□		更换□ 调整□ 紧固□ 无□
底盘螺栓紧固情况	正常□ 异常□		更换□ 调整□ 紧固□ 无□

考核评价一 悬架系统的检查

序号	操作步骤	操作要点及规范	配分	得分
1	车辆信息记录	车辆品牌、整车型号、生产年月、发动机型号、发动机排量、行驶里程填写正确（各1分），车辆识别码查找、填写正确（4分）	10分	
2	前期准备	安装车内三件套（4分），安装举升机垫块（2分），举升车辆至适当高度（4分）	10分	
3	传动轴、万向节检查	前悬架减振器弹簧变形检查（15分）	70分	
		前悬架减振器漏油检查（15分）		
		后悬架减振器弹簧变形检查（15分）		
		底盘螺栓紧固情况检查（25分）		
4	车辆恢复及做好5S	关闭举升机电源（2分），车辆清洁（4分），场地清洁（4分）	10分	

总分 100分

任务工单二 减振器的检查与更换

操作时间： 分钟 组长初评：合格□ 不合格□ 教师复评：合格□ 不合格□

一、车辆信息记录

品牌		整车型号		生产年月	
发动机型号		发动机排量		行驶里程	
车辆识别码					

二、减振器的检查与更换

操作项目	操作情况	检查项目	检查情况
减振器拆装台架的使用	是□ 否□		正常□ 异常□
拆卸减振器弹性元件	是□ 否□		正常□ 异常□

考核评价二 减振器的检查与更换

序号	操作步骤	操作要点及规范	配分	得分
1	车辆信息记录	车辆品牌、整车型号、生产年月、发动机型号、发动机排量、行驶里程填写正确（各1分），车辆识别码查找、填写正确（4分）	10分	
2	前期准备	减振器与弹性元件总成安装（4分） 锁紧紧固螺母（2分） 再次检查安装位置，确保安全（4分）	10分	
3	减振器的检查与更换	减振器拆装台架的使用（15分） 拆卸减振器弹性元件（15分） 检查减振器及减振弹簧组件（15分） 安装减振器及减振弹簧组件（25分）	70分	
4	车辆恢复及做好5S	关闭举升机电源（2分），车辆清洁（4分），场地清洁（4分）	10分	
总分 100分				

项目五 轮胎检查维护与车轮定位

任务工单一 轮胎的检查与换位

操作时间： 分钟　　组长初评：合格□ 不合格□　　教师复评：合格□ 不合格□

一、车辆信息记录

品牌		整车型号		生产年月	
发动机型号		发动机排量		行驶里程	
车辆识别码					

二、查询《用户手册》完成车轮换位维护项目里程及周期

车轮换位	维护里程及周期	维修资料

三、车轮拆装及轮胎换位

作业项目	作业方式	作业项目	作业方式
左前车轮拆卸	手动□ 气动□	左后车轮拆卸	手动□ 气动□
右前车轮拆卸	手动□ 气动□	右后车轮拆卸	手动□ 气动□
左前车轮安装	手动□ 气动□	左后车轮安装	手动□ 气动□
右前车轮安装	手动□ 气动□	右后车轮安装	手动□ 气动□
四轮换位顺序			

四、查询《维修手册》完成车轮换位

作业项目	《维修手册》资料	作业项目	《维修手册》资料
左前轮紧固力矩		右前轮紧固力矩	
左后轮紧固力矩		右后轮紧固力矩	

考核评价一 轮胎的检查与换位

序号	操作步骤	操作要点及规范	配分	得分
1	场地工位工具准备情况	准备120件套装（2分）、扭力扳手（2分）、粉笔（2分）、轮胎车（2分）、气动扳手（2分）	10分	
2	举升机的使用	要求举升机垫块正确安装（2分）、举升安全检查（2分）、水平举升（1分）、锁止检查（2分）、举升位置合适（1分）、水平下降（1分）、垫块回收归位（1分）	10分	
3	左前车轮拆卸	要求气动扳手检查（2分）、气动扳手专用套筒选择正确（2分）、五角星拆卸（2分）、两次拆卸（2分）、车轮放置（2分）	10分	
4	左后车轮拆卸	使用气动扳手戴上手套扣5分、车轮落地扣3分零件、工具掉落扣5分，未双人配合拆装扣3分	10分	
5	右前车轮拆卸		10分	
6	右后车轮拆卸		10分	
7	车轮换位	左后轮→右前轮（2.5分）、右前轮→左前轮（2.5分）、左前轮→左后轮（2.5分）、右后轮→右后轮（2.5分）	10分	
8	左前车轮安装	要求双人配合安装（1分）、五角星安装（2分）、两次安装螺栓（1分）、工具选择正确（1分）、使用气动扳手安装螺栓扣5分	5分	
	左后车轮安装		5分	
	右前车轮安装		5分	
	右后车轮安装		5分	
9	车轮紧固	查询《维修手册》（2分）、五角星紧固螺栓（2分）	4分	
10	车辆恢复及做好7S	工具清洁归位（2分）、车辆清洁（1分）、地面清洁（1分）、轮胎车归位（2分）	6分	
		总分 100分		

任务工单二 轮胎的拆装

操作时间： 分钟

组长初评：合格□ 不合格□　　　教师复评：合格□ 不合格□

一、车辆信息记录

品牌		整车型号		生产年月	
发动机型号		发动机排量		行驶里程	
车辆识别码					

二、检查轮胎磨损情况

磨损情况	原因分析
两侧胎肩磨损	
胎面中央磨损	

三、按照标准流程完成轮胎的拆装

操作项目	操作结果	判定	操作项目	操作结果	维修措施
扒胎机的使用	是□ 否□	正常□ 异常□	气门芯的拆装	是□ 否□	更换□ 修整□ 无□
胎缘与轮辋分离	是□ 否□	正常□ 异常□	拆装头的正确使用	是□ 否□	更换□ 修整□ 无□
助力臂的正确使用	是□ 否□		撬棒的正确使用	是□ 否□	
检查轮胎和轮辋尺寸	是□ 否□		标准气压充气	是□ 否□	

考核评价二　轮胎的拆装

序号	操作步骤	操作要点及规范	配分	得分
1	车辆信息记录	车辆品牌、整车型号、生产年月、发动机型号、发动机排量、行驶里程填写正确（各1分），车辆识别码查找、填写正确（4分）	10分	
2	前期准备	取下车轮（2分）	10分	
		清除车轮上的杂物和平衡块（4分）		
		将轮胎中的空气排出（4分）		
3	拆卸轮胎	胎缘与轮毂分离（10分）	70分	
		正确使用拉回横摆臂，调整摆臂和六方杆（10分）		
		正确安装拆装头（10分）		
		润滑胎缘（10分）		
		正确使用撬棒（10分）		
		正确使用助力臂（10分）		
		正确操作扒胎机（10分）		
4	车辆恢复及做好5S	关闭举升机电源（2分），车辆清洁（4分），场地与扒胎机清洁（4分）	10分	

总分　100分

任务工单三 轮胎的修复

操作时间： 分钟

组长初评：合格☐ 不合格☐　　　教师复评：合格☐ 不合格☐

一、车辆信息记录

品牌		整车型号		生产年月	
发动机型号		发动机排量		行驶里程	
车辆识别码					

二、检查轮胎破损情况

作业项目	原因分析	判定	维修措施
轮胎破损情况检查		正常☐ 异常☐	更换☐ 修整☐ 无☐

三、按照标准流程完成轮胎的修复

操作项目	操作结果	操作项目	操作结果
轮胎修补架的使用	是☐ 否☐	打磨钉孔附近的轮胎气密层	是☐ 否☐
清洁打磨区域	是☐ 否☐	刮平打磨区域	是☐ 否☐
清理打磨区域碎屑	是☐ 否☐	冷补胶水涂抹	是☐ 否☐
安装冷补胶片	是☐ 否☐	滚压冷补胶片	是☐ 否☐

考核评价三 轮胎的修复

序号	操作步骤	操作要点及规范	配分	得分
1	车辆信息记录	车辆品牌、整车型号、生产年月、发动机型号、发动机排量、行驶里程填写正确（各1分），车辆识别码查找、填写正确（4分）	10分	
2	前期准备	取下车轮（2分）	10分	
		将轮胎中的空气排出（4分）		
		利用扒胎机取下轮胎（4分）		
3	修复轮胎	正确使用轮胎修补架（5分）	55分	
		正确打磨钉孔附近的轮胎气密层（15分）；磨出钢丝层扣10分，打磨区域不规则扣5分		
		清洁打磨区域（10分）		
		刮平打磨区域（5分）		
		清理打磨区域碎屑（5分）		
		涂抹冷补胶水（5分）		
		安装冷补胶片（5分）		
		滚压冷补胶片（5分）		
4	安装轮胎与复检	用扒胎机安装轮胎（5分）	15分	
		安装新的气门芯（5分）		
		将轮胎充气至标准气压（5分）		
5	车辆恢复及做好5S	车辆清洁（2分），场地清洁（2分），扒胎机清洁（2分），轮胎修补架清洁（4分）	10分	
		总分 100分		

任务工单四 车轮动平衡

操作时间：   分钟

组长初评：合格□ 不合格□　　　　教师复评：合格□ 不合格□

一、车辆信息记录

品牌		整车型号		生产年月	
发动机型号		发动机排量		行驶里程	
车辆识别码					

二、动平衡机参数录入

作业项目	数值定义	记录	作业项目	记录	操作结果
录入参数 a			记录轮胎型号		
录入参数 b			记录轮胎气压		
录入参数 d			记录不平衡值	内：　外：	

三、按照标准流程完成车轮动平衡

操作项目	操作结果	操作项目	操作结果
测量前检查	是□ 否□	气门芯的拆装	是□ 否□
录入参数 a、b、d	是□ 否□	安装平衡块	
复检	是□ 否□		

考核评价四 车轮动平衡

序号	操作步骤	操作要点及规范	配分	得分
1	车辆信息记录	车辆品牌、整车型号、生产年月、发动机型号、发动机排量、行驶里程填写正确（各1分），车辆识别码查找、填写正确（4分）	10分	
2	前期准备	取下车轮（2分）	10分	
		清除车轮上的杂物和平衡块（4分）		
		检查轮胎气压，确保在标准范围内（4分）		
3	车轮动平衡	正确将车轮套装在动平衡仪主轴上（10分）	70分	
		正确用测量标尺测出动平衡机距车轮轮辋距离 a 并输入参数（10分）		
		正确用测量卡钳测量轮辋宽度 b 并输入参数（10分）		
		正确读取轮辋直径 d 并输入参数（10分）		
		正确安装相应数值平衡块（20分）		
		复检（10分）（误差值在5g内）		
4	车辆恢复及做好5S	关闭举升机电源（2分），车辆清洁（4分），场地与动平衡机清洁（4分）	10分	
		总分 100分		

任务工单五 车轮定位

操作时间：　　　　分钟

组长初评：合格□ 不合格□　　　　教师复评：合格□ 不合格□

一、车辆信息记录

品牌		整车型号		生产年月	
发动机型号		发动机排量		行驶里程	
车辆识别码					

二、车轮定位参数录入

作业项目	检查结果	作业项目	检查结果
燃油量	（分数表示）	油箱容积	L（燃油密度 0.72g/cm³）
		配重质量	kg

三、检测结果

序号	检测结果	故障原因	维修措施
			更换□ 紧固□ 调整□
			更换□ 紧固□ 调整□
			更换□ 紧固□ 调整□
			更换□ 紧固□ 调整□
			更换□ 紧固□ 调整□
			更换□ 紧固□ 调整□
			更换□ 紧固□ 调整□

考核评价五 车轮定位

序号	操作步骤	操作要点及规范	配分	得分
1	车辆信息记录	车辆品牌、整车型号、生产年月、发动机型号、发动机排量、行驶里程填写正确（各1分），车辆识别码查找、填写正确（4分）	10分	
2	举升位置1（举升机未升起，在最低位置）	安装车轮挡块（单轮安装）（0.5分）	18分	
		检查转角盘和滑板是否在锁止状态（1分）		
		检查车辆停放状况，必要时调整（1分）		
		安装座椅套、地板垫、转向盘套（0.5分）		
		检查转向盘是否在正中位置，降下驾驶人侧门窗玻璃（1分）		
		检查并记录燃油表值（4分）		
		检查车辆载荷是否符合定位测量要求（2分）		
		记录车辆型号、VIN、车辆生产日期（1分）		
		记录车辆铭牌载明的轮胎型号和胎压（1分）		
		检查实车安装轮胎型号是否与车辆铭牌要求一致，检查轮胎气压，必要时调整并记录（3分）		
		在定位仪程序中建立用户和车辆档案-在定位程序中输入用户编号和车辆VIN（1分）		
		正确选择车型数据-在数据库中找到相应车型，完成车型数据选择，并输入轮胎尺寸和标准胎压（1分）		
		车辆变速器挡位调整-将变速杆置于空档位置并释放驻车制动（1分）		

· 34 ·

(续)

序号	操作步骤	操作要点及规范	配分	得分
3	举升位置2（二次举升）	用小剪举升车辆（1分） 检查前轮松旷状况（2分） 检查后前轮松旷和拖滞状况（2分） 检查四轮轮辋和轮胎是否有裂纹、损坏、异常磨损，同轴轮胎花纹是否一致（3分） 测量并记录左前轮轮胎花纹深度（里中外）（4分） 大剪举升车辆至合适高度	12分	
4	举升位置3（升起大剪，安全锁锁到位，底盘检查位置）	检查后减振器和弹簧（1分） 检查后桥及其托架（1分） 检查后悬架锁门连杆、中心枢轴球节、平衡梁支架（1分） 检查后稳定杆及其连杆（1分） 检查左前下控制臂/球节/前后衬套（2分） 检查左前转向横拉杆/转向节/球头（2分） 检查右前下控制臂/球节/前后衬套（2分） 检查右前转向横拉杆/转向节/球头（2分） 检查前稳定杆与车身连接螺栓（后部内侧2个螺栓）（2分） 检查前悬架加长件与车身连接螺栓（后部2个螺栓）（2分）	18分	

(续)

序号	操作步骤	操作要点及规范	配分	得分
5	举升位置 4（轮载偏位补偿及定位检测）	降低大剪举升平台至适合的落锁位置（1分） 拔出转盘固定销（2分） 举升机小剪缓慢回落（1分） 移开车轮挡块至合适位置（1分） 按压前后车身数次，使车辆悬架复位（2分） 将车辆向后推离转角盘并插上转角盘销子（1分） 向前推动车辆使前轮停在转角盘中心位置（1分） 测量并记录车身高度（3分） 安装卡具和标板（2分） 推动车辆完成车轮补偿（1分） 实施驻车制动（1分） 使用制动锁顶住制动踏板（1分） 拔出转盘和滑板固定销并取下垫板（1分） 进行定位测量（含最大转向角）（2分） 在定位调整使用转向盘锁锁定转向盘位置（2分）	22 分	
6	举升位置 5（定位调整位置）	操作举升机，升高到较高适合位置并落安全锁（1分） 调整前轮前束（4分）	5 分	

(续)

序号	操作步骤	操作要点及规范	配分	得分
7	举升位置 6 (定位检测位置) (调整后)	降低大剪举升平台到合适操作的位置落锁（1分） 检测调整后的前轮前束，跳过其他角度检测步骤，打印保存检测报告（3分）	7分	
8	举升位置 7 (转角盘和后滑板锁止)	拆除制动锁和卡具并放回初始位置（1分） 定位仪程序复位（1分） 取下标板并放回规定位置（1分） 升起举升机小剪，使车轮悬空（1分） 将转角盘和后滑板固定销插入并复垫板（1分）	3分	
9	车辆恢复及做好 5S	举升机小剪缓慢回落，完全回位（1分） 关闭举升机电源（1分），车辆清洁（2分），场地清洁（2分）	5分	
	总分	100 分		

项目六 汽车制动系统检查与维护

任务工单一 液压系统磨损与泄漏的检查

操作时间： 分钟

组长初评：合格□ 不合格□　　　　　　　　　教师复评：合格□ 不合格□

一、车辆信息记录

品牌		整车型号		生产年月	
发动机型号		发动机排量		行驶里程	
车辆识别码					

二、制动系油液泄露检查

检查项目	检查泄漏情况	泄漏部件名称	维修措施
制动液位检查	泄漏□ 正常□		更换□ 调整□ 紧固□ 无□
软管检查	泄漏□ 正常□		更换□ 调整□ 紧固□ 无□
排放口检查	泄漏□ 正常□		更换□ 调整□ 紧固□ 无□
中间连接管路检查	泄漏□ 正常□		更换□ 调整□ 紧固□ 无□
前制动分泵检查	泄漏□ 正常□		更换□ 调整□ 紧固□ 无□
前制动管路检查	泄漏□ 正常□		更换□ 调整□ 紧固□ 无□
后制动分泵检查	泄漏□ 正常□		更换□ 调整□ 紧固□ 无□
后制动管路检查	泄漏□ 正常□		更换□ 调整□ 紧固□ 无□

考核评价一 液压系统磨损与泄漏的检查

序号	操作步骤	操作要点及规范	配分	得分
1	车辆信息记录	车辆品牌、整车型号、生产年月、发动机型号、发动机排量、行驶里程填写正确（各1分），车辆识别码查找、填写正确（4分）	10分	
2	前期准备	正确安装车轮挡块（1分），正确安装废气抽排装置（1分），正确安装车内三件套（1分），正确打开发动机舱盖（1分），正确安装发动机保护垫（1分）	5分	
3	制动系统油液泄漏检查	制动液液位检查（10分）	80分	
		软管检查（10分）		
		排放口检查（10分）		
		中间连接管路检查（10分）		
		前制动分泵检查（10分）		
		前制动管路检查（10分）		
		后制动分泵检查（10分）		
		后制动管路检查（10分）		
4	车辆恢复及做好5S	关闭举升机电源（1分），车辆清洁（2分），场地清洁（2分）	5分	
		总分	100分	

任务工单二 制动液的加注与排气

操作时间： 分钟

组长初评：合格□ 不合格□　　　　　教师复评：合格□ 不合格□

一、车辆信息记录

品牌		整车型号		生产年月	
发动机型号		发动机排量		行驶里程	
车辆识别码					

二、查询《用户手册》完成制动液的更换维护项目里程及周期

作业项目	维护里程及周期	维修资料
制动液的更换		

三、制动液检查，更换制动液并使用制动排气泵对制动液压系统进行排气

检查项目	记录	检查项目	记录
查询制动液型号		制动液沸点	
制动液液位		制动液含水率	
新制动液加注量			

四、复检制动性能

检查项目	检查结果	维修措施
制动液液位	正常□ 异常□	更换□ 调整□ 无□
制动性能	正常□ 异常□	更换□ 调整□ 无□

(续)

序号	操作步骤	操作要点及规范	配分	得分
7	举升位置 6 (定位检测位置) (调整后)	降低大剪举升平台到合适操作的位置落锁(1分) 检测调整后的前轮前束,跳过其他角度检测步骤,打印保存检测报告(3分)	7分	
8	举升位置 7 (转角盘和后滑板锁止)	取下标板和卡具并放回初始位置(1分) 定位仪程序复位(1分) 拆除制动锁和转向盘锁,并放至规定位置(1分) 升起举升机小剪,使车轮悬空(1分) 将转角盘和后滑板固定销插入并复位垫板(1分)	3分	
9	车辆恢复及做好 5S	举升机小剪缓慢回落,完全回位(1分) 关闭举升机电源(1分),车辆清洁(2分),场地清洁(2分)	5分	
		总分 100 分		

项目六 汽车制动系统检查与维护

操作时间： 分钟

组长初评：合格□ 不合格□　　　教师复评：合格□ 不合格□

任务工单一　液压系统磨损与泄漏的检查

一、车辆信息记录

品牌		整车型号		生产年月	
发动机型号		发动机排量		行驶里程	
车辆识别码					

二、制动系统油液泄露检查

检查项目	检查泄漏情况	泄漏部件名称	维修措施
制动液位检查	泄漏□ 正常□		更换□ 调整□ 紧固□ 无□
软管检查	泄漏□ 正常□		更换□ 调整□ 紧固□ 无□
排放口检查	泄漏□ 正常□		更换□ 调整□ 紧固□ 无□
中间连接管路检查	泄漏□ 正常□		更换□ 调整□ 紧固□ 无□
前制动分泵检查	泄漏□ 正常□		更换□ 调整□ 紧固□ 无□
前制动管路检查	泄漏□ 正常□		更换□ 调整□ 紧固□ 无□
后制动分泵检查	泄漏□ 正常□		更换□ 调整□ 紧固□ 无□
后制动管路检查	泄漏□ 正常□		更换□ 调整□ 紧固□ 无□

考核评价一 液压系统磨损与泄漏的检查

序号	操作步骤	操作要点及规范	配分	得分
1	车辆信息记录	填写正确车辆品牌、整车型号、生产年月、发动机型号、发动机排量、行驶里程（各1分），车辆识别码查找、填写正确（4分）	10分	
2	前期准备	正确安装车轮挡块（1分），正确安装废气抽排装置（1分），正确安装车内三件套（1分），正确打开发动机舱盖（1分），正确安装发动机保护垫（1分）	5分	
3	制动系统油液泄漏检查	制动液液位检查（10分） 软管检查（10分） 排放口检查（10分） 中间连接管路检查（10分） 前制动分泵检查（10分） 前制动管路检查（10分） 后制动分泵检查（10分） 后制动管路检查（10分）	80分	
4	车辆恢复及做好5S	关闭举升机电源（1分），车辆清洁（2分），场地清洁（2分）	5分	
		总分 100分		

任务工单二 制动液的加注与排气

操作时间： 分钟

组长初评：合格□ 不合格□　　　　　　教师复评：合格□ 不合格□

一、车辆信息记录

品牌		整车型号		生产年月	
发动机型号		发动机排量		行驶里程	
车辆识别码					

二、查询《用户手册》完成制动液的更换维护项目里程及周期

作业项目	维修资料
制动液的更换	维护里程及周期

三、制动液检查，更换制动液并使用制动排气泵对制动液压系统进行排气

检查项目	记录	检查项目	记录
查询制动液型号		制动液沸点	
制动液液位		制动液含水率	
新制动液加注量			

四、复检制动性能

检查项目	检查结果		维修措施		
制动液液位	正常□	异常□	更换□	调整□	无□
制动性能	正常□	异常□	更换□	调整□	无□

考核评价二 制动液的加注与排气

序号	操作步骤	操作要点及规范	配分	得分
1	车辆信息记录	车辆品牌、整车型号、生产年月、发动机型号、发动机排量、行驶里程填写正确（各1分），车辆识别码查找、填写正确（4分）	10分	
2	前期准备	打开发动机舱盖（2分），安装车内外三件套（2分），打开制动液储液罐盖（4分），举升车辆至适当高度（2分）	10分	
3	排放制动液	按正确方法排放制动液（20分）	20分	
4	更换制动液	按正确方法更换制动液（10分）	10分	
5	制动系统排气	按正确方法排空气（30分）起动发动机，逐渐踩下制动踏板至其行程约2/3处。缓慢释放制动踏板，等待15s，然后再次逐渐踩下制动踏板至其行程约2/3处直到制动踏板坚实。	30分	
6	更换后检查	达将使制动钳活塞和制动片正确就位（5分）检查制动总泵储液罐中的液位，将制动总泵储液罐加注到最高液位（5分）（总泵储液罐加注）	10分	
7	车辆恢复及做好5S	关闭举升机电源（2分），车辆清洁（4分），场地清洁（4分）	10分	
		总分 100分		

任务工单三 盘式制动器的检查与测量

操作时间： 分钟

组长初评：合格□ 不合格□　　　　　教师复评：合格□ 不合格□

一、车辆信息记录

品牌		整车型号		生产年月	
发动机型号		发动机排量		行驶里程	
车辆识别码					

二、拆装左前轮制动片，测量制动片，并对实测值进行判定

作业项目	实测值	标准数据	检查结果		维修措施	
外制动片衬片厚度			正常□	异常□	更换□ 修整□	无□
内制动片衬片厚度			正常□	异常□	更换□ 修整□	无□

三、检查制动盘

检查项目	检查结果		检查项目	判定	
制动盘磨损情况	正常□	异常□	制动钳导销螺栓	正常□	异常□
轮毂、车桥法兰情况	正常□	异常□	制动钳及分泵情况	正常□	异常□

四、拆装左前轮制动器，测量制动盘，并对实测值进行判定

作业项目	实测值	标准数据	判定		维修措施	
制动盘厚度			正常□	异常□	更换□ 修整□	无□
制动盘厚度偏差			正常□	异常□	更换□ 修整□	无□
制动盘跳动量			正常□	异常□	更换□ 修整□	无□

五、查询《维修手册》，按照标准流程完成制动片的更换

作业项目	维修资料	作业项目	维修资料	作业项目	维修资料
制动钳螺栓紧固力矩		制动钳托架螺栓		车轮紧固力矩		制动拖滞情况	正常□ 异常□

考核评价三 盘式制动器的检查与测量

序号	操作步骤	操作要点及规范	配分	得分
1	场地工位工具准备情况	准备120件套装工具（1分），S形钩（1分），扭力扳手（1分），车外三件套（1分），车内三件套（1分）	5分	
2	前期准备	安装车轮挡块（1分），安装车内三件套（1分），安装车外三件套（1分），水平检查（2分），进行垫块安装（1分），安全锁止（1分），安全检查（1分），垫块回收归位（1分）	10分	
3	拆卸车轮	确定工具选用（3分），拆卸方法（2分）	5分	
4	拆卸制动分泵螺栓	制动分泵下钩螺栓拆卸：工具选用正确（2分），拆卸方法正确（2分）制动分泵上螺栓拆卸：工具选用正确（2分），拆卸方法正确（2分）使用S形钩吊起制动分泵并确认安全（2分）	10分	
5	拆卸制动片	拆卸内侧制动片（1分），拆卸方法（2分）拆卸外部制动片（1分），拆卸方法（2分）	6分	
6	检查与测量	目测内侧制动片磨损破坏情况（3分），目测外侧制动片磨损破坏情况（2分）游标卡尺测量外侧制动片至少3个位置（2分），测量数据准确（3分）游标卡尺测量内侧制动片至少3个位置（2分），测量数据准确（3分）	15分	
7	判断制动片	查询《维修手册》标准值：大于2mm（2分），判断正确（2分）	4分	
8	安装制动片	安装正确加紧制动盘（5分），安装方法正确（5分）	10分	
9	安装并紧固制动钳螺栓至规定力矩	查询《维修手册》（36N·m）（5分），内外应位置正确（5分）工具选用正确（3分），方法正确（2分），上下两个螺栓拧紧至规定力矩（5分）	10分	
10	安装车轮	使用气动扳手安装螺栓扣5分），缺少一个螺栓未紧固扣10分	5分	
11	安装后检查	转动车轮检查抱死情况（5分），起动车辆恢复制动间隙（5分）	10分	
12	车辆恢复及做好7S	车辆清洁（2分），工具清洁（2分），车辆恢复（3分），垃圾分类正确（3分）	10分	
	总分		100分	